Uni-Taschenbücher 1592

UTB
FÜR WISSEN
SCHAFT

Eine Arbeitsgemeinschaft der Verlage

Wilhelm Fink Verlag München
Gustav Fischer Verlag Stuttgart
Francke Verlag Tübingen
Paul Haupt Verlag Bern und Stuttgart
Dr. Alfred Hüthig Verlag Heidelberg
Leske Verlag + Budrich GmbH Opladen
J. C. B. Mohr (Paul Siebeck) Tübingen
R. v. Decker & C. F. Müller Verlagsgesellschaft m. b. H. Heidelberg
Quelle & Meyer Heidelberg · Wiesbaden
Ernst Reinhardt Verlag München und Basel
F. K. Schattauer Verlag Stuttgart · New York
Ferdinand Schöningh Verlag Paderborn · München · Wien · Zürich
Eugen Ulmer Verlag Stuttgart
Vandenhoeck & Ruprecht in Göttingen und Zürich

Nils G. Holm

Einführung in die Religionspsychologie

Ernst Reinhardt Verlag München Basel

Prof. Dr. Nils G. Holm, Department of Comparative Religion,
Åbo Akademi, SF – 20500 Åbo/Finland

Titel der schwedischen Originalausgabe „Religionspsykologins grunder“

Übersetzung aus dem Schwedischen von Matthias Quaschning, Göttingen

CIP-Titelaufnahme der Deutschen Bibliothek

Holm, Nils G.:
Einführung in die Religionspsychologie / Nils G. Holm.
[Übers. aus d. Schwed. von Matthias Quaschning]. – München ;
Basel : E. Reinhardt, 1990
(UTB für Wissenschaft : Uni-Taschenbücher ; 1592)
Einheitssacht.: Religionspsykologins grunder ‹dt.›
ISBN 3-497-01212-2
NE: UTB für Wissenschaft / Uni-Taschenbücher

Printed in Germany
Satz und Druck: Presse-Druck Augsburg

Inhalt

Vorwort

Das vorliegende Buch ist die deutsche Übersetzung meines Lehrbuches der Religionspsychologie, das in erster Linie Grundlagen im universitären Bereich vermitteln soll. Die Darstellung der Religionspsychologie erfolgt bewußt einfach und leicht verständlich, fällt möglicherweise daher an einigen Stellen etwas knapp aus. Für derartige Fälle verweise ich auf das Literaturverzeichnis am Ende des Buches. Es wird vor allem auf die angelsächsische, deutsche und skandinavische Religionspsychologie eingegangen, so wie sie sich während der letzten Jahrzehnte entwickelt hat. Für den letztgenannten Bereich bezeichnend ist dabei die gleichwertige Einbeziehung tiefenpsychologischer Erkenntnisse und sozialpsychologischer Gesichtspunkte, ausgehend von Hjalmar Sundén mit seinem wissenschaftlichen und pädagogischen Werk.

Die Religionspsychologie als Wissenschaftszweig hat in den letzten Jahren international immer mehr an Interesse gewonnen und sich in der seelsorgerischen Arbeit der Kirchen und Glaubensgemeinschaften, in Psychiatrie und Krankenpflege sowie im Dialog mit Vertretern fremder Religionen und Kulturen als notwendig und bereichernd erwiesen. Sie führt ihrer Natur gemäß weg von Dogmatisierung und verhärteten Positionen und öffnet das Verständnis dafür, wie man als psychisch begabtes Individuum religiöser Tradition begegnet und wie man überhaupt zu den im menschlichen Leben zentralen Fragen Stellung bezieht. Ich hoffe daher, daß das Buch bei einem breiten Leserkreis auf Interesse stößt.

Nils G. Holm

1. Einführung

Was ist Religionspsychologie?

Religion in irgendeiner Form gibt es in jeder menschlichen Gesellschaft. Soweit die Geschichte sich zurückverfolgen läßt, finden sich Spuren von Anbetung und religiösen Riten. Religion läßt sich auf viele unterschiedliche Weisen untersuchen: Wir können historische Forschung betreiben und versuchen, Religion innerhalb einer bestimmten Kultur während einer bestimmten Zeit zu beschreiben, wir können verschiedene religiöse Ausdrucksformen in unterschiedlichen Kulturen vergleichen (gewöhnlich als Religionsphänomenologie bezeichnet). Außerdem können wir versuchen, Religion im Zusammenhang sozialer oder psychischer Faktoren zu sehen. Die Religionspsychologie ist die Wissenschaft vom Verhältnis der religiösen Ausdrucksformen zu psychologischen Prozessen und Abläufen.

Als religiöse Ausdrucksformen bezeichnet man die unterschiedlichen Manifestationen von Religion im menschlichen Leben. Die wichtigsten unter ihnen sind Ansichten, Verhaltensweisen und Erlebnisse. **Ansichten** gehen auf die Denkfähigkeit zurück, die sehr wesentlich und bezeichnend für den Menschen als Lebewesen ist. Das Streben danach, Dinge zu verstehen und einen Sinn im Leben zu suchen, kann als typisch für den Menschen bezeichnet werden. Auf religiöser Ebene äußert sich dies in der Bildung von Mythen, Legenden, Gottesvorstellungen, Dogmen, theologischen Systemen usw. **Verhaltensweisen** sind Riten und Kultbräuche, die sowohl individueller als auch kollektiver Art sein können (Gebet, Opfer, Rezitationen, Meditationen, Mystik, Prozessionen usw.). Das Bedürfnis des Menschen anzubeten findet gewissermaßen hier seinen Ausdruck. Die **Erlebnisse** sind das innere, individuelle Erfahrungsfeld jedes Einzelnen. Dies hat mit dem Gefühlsleben zu tun. Die Erlebnisse sind recht unterschiedlicher Art: Einige sind sehr stark und intensiv (Mystik), andere schwach und allgemein. Nähern wir uns

Religion verhaltenswissenschaftlich, können wir sie definieren als **diejenigen Ansichten, Verhaltensweisen und Erlebnisse des Menschen, die sich auf irgendeine Form übersinnlicher oder metaphysischer Wirklichkeit beziehen.**

Religionspsychologie als akademische Disziplin ist Wissenschaft. Als wissenschaftlich bezeichnen wir diejenige Forschung, die die menschliche Wirklichkeit für uns rational begreiflich zu machen sucht. Dies geschieht durch Anwendung von Logik, Theorien, Analysen und verschiedenen Methoden der Materialbeschaffung. Religionspsychologie ist empirisch, stützt ihre Schlußfolgerungen also soweit wie möglich auf beobachtbares Material. Dieses wird ausgehend von bestimmten, zu Anfang des Forschungsprozesses angestellten theoretischen Erwägungen interpretiert, analysiert und studiert. Zuweilen sind sogar regelrechte Experimente möglich, bei denen man von einer gegebenen Theorie ausgehend seine Hypothese zu falsifizieren oder zu verifizieren sucht. Dies ist jedoch innerhalb der Religionspsychologie selten, da sich mit Religion aufgrund ethischer und praktischer Hindernisse schwer experimentieren läßt.

Zudem gehört Religion in die persönlichste und intimste Sphäre des menschlichen Lebens. Mit seinen geistlichen Erlebnissen geht man nicht beliebig hausieren. Darauf muß besonders die Religionspsychologie Rücksicht nehmen. Daß man sich Religion sozusagen von außen nähert, kann die Materialbeschaffung erschweren. Für den Religiösen gelten nämlich andere Erklärungsmodelle als für den Wissenschaftler. Dieser muß daher immer mit einer gewissen Vorsicht zu Werke gehen. „Kulturimperialismus" von seiten des Wissenschaftlers ist sowohl ethisch als auch theoretisch unvertretbar.

Die Religionspsychologie hat viel mit der allgemeinen Psychologie gemeinsam. Die wissenschaftlichen Voraussetzungen sind ganz dieselben, nur der Gegenstand des Interesses ist ein anderer. Die Psychologie umfaßt gewissermaßen drei Teilbereiche: Zunächst sind zu nennen die **psychologischen Forschungsmethoden** (Experiment, Test, Beobachtungen usw.), dann die **theoretischen Aussagen** (z. B. kognitive, sozial- und tiefenpsychologische Theorien usw.) und schließlich die **praktische An-**

wendung der psychologischen Erkenntnisse (Therapie, Pastoralpsychologie). Die theoretischen Aussagen über das Verhalten des Menschen sind inhaltlich abhängig von verschiedenen philosophischen Schulen und vom Menschenbild allgemein. Die Erklärungsmodelle können also verschiedener Art sein, z.B. biologisch, sozial, kognitiv, tiefenpsychologisch. Die Theorien beantworten – jede für sich – wichtige Fragen, aber eine der anderen vorzuziehen ist auf lange Sicht nicht durchführbar. Die Tendenz, psychische Abläufe einzig und allein auf biologische und physiologische Gegebenheiten zurückzuführen, nennt man **Reduktionismus**.

Wissenschaft wird mit unterschiedlichen Zielsetzungen betrieben: Man kann versuchen, ein Faktum so genau wie möglich zu **beschreiben** oder auch, eine Beobachtung soweit wie möglich zu **erklären**, wobei man dann die Beobachtung zu umfassenderen und sinngebenden Theorien in Beziehung setzt. Ist die Erklärung richtig, lassen sich vom Resultat her auch **Voraussagen** machen. Man ist dann wichtigen ursächlichen Zusammenhängen auf der Spur, was von großer Bedeutung für die Wissenschaft ist und für den, der sich wissenschaftlicher Resultate bedienen will.

Zur Geschichte der Religionspsychologie

Die Religionspsychologie leitet sich von zwei Wissenschaftszweigen her, die im 19. Jh. entstanden: Der eine ist die allgemeine Religionsgeschichte, die Mitte des letzten Jahrhunderts in Ländern wie Deutschland, Frankreich, den Niederlanden und England einen bemerkenswerten Aufschwung nahm. Der andere Zweig ist die Psychologie, die sich damals von der Philosophie löste. Sie hat mit zwei wichtigen Disziplinen die Religionspsychologie befruchtet: Einerseits mit der Psychophysiologie auf dem europäischen Kontinent mit Vertretern wie Wilhelm Wundt (1832-1930) und Oswald Külpe (1862-1915) und andererseits mit der Tiefenpsychologie mit deren wichtigsten Vertretern Sigmund Freud (1856-1939) und Carl Gustav Jung (1875-1961).

Eine ihrer größten Blüten erlebte die Religionspsychologie um die Jahrhundertwende in den USA. An der Clark University wirkte G. Stanley Hall (1844-1924), der als Begründer der amerikanischen Religionspsychologie gilt. Ihn interessierten besonders die Religion bei Teenagern sowie die religiösen Entwicklungsstadien während des Heranreifens. Bedeutung erlangte Hall jedoch vor allem als Lehrmeister und Inspirator zweier weiterer wichtiger Repräsentanten der sog. Clark-Schule: Edwin Starbuck (1866-1947) und James H. Leuba (1868-1946). Starbuck ging der Religiosität bei Jugendlichen nach, besonders der Bekehrung. In seiner Studie *The Psychology of Religion; An Empirical Study of the Growth of Religious Conciousness* (1899) analysierte er umfangreiches autobiographisches Material. Leuba befaßte sich mit Mystik, u. a. in seinem Werk *The Psychology of Religious Mysticism* (1925). Der bekannteste der damaligen Religionspsychologen ist dagegen William James (1842-1910). Er war Philosoph und Psychologe und interessierte sich für Religion als Phänomen. Seine Untersuchungen auf diesem Gebiet präsentierte er in seinen berühmten Gifford-Vorlesungen 1901-02. Sie wurden als Buch unter dem Titel *The Varieties of Religious Experience* 1902 veröffentlicht. Das Buch wurde schon bald in viele Sprachen übersetzt und hat so in vielen Ländern Einfluß auf die Forschung gehabt. In seinen Vorlesungen behandelt James das Verhältnis von Religion und Physiologie, ferner die Wirklichkeit des Unsichtbaren, Bekehrung, Mystik und Heiligkeit. Für ihn waren nicht die theologischen Systeme das Entscheidende an den Weltreligionen, sondern die konkreten Erlebnisse in Form von Visionen, Auditionen, Gebetserhörung, Errettung aus Gefahr usw. Er war davon überzeugt, daß Religion für das menschliche Leben überhaupt grundlegend sei.

Ein weiterer Repräsentant der amerikanischen Schule ist James Pratt. In seinem streng deskriptiven Hauptwerk *The Religious Conciousness* (1920) geht er auch auf Phänomene aus außerchristlichen Religionen ein. Mit ihm dürfte die amerikanische Schule ihren Höhepunkt erreicht haben. Die religionspsychologische Forschung in den USA verliert dann aus unterschiedlichen Gründen an Bedeutung. Mitverantwortlich waren u. a. die

Entwicklung hin zu einem immer radikaleren Behaviorismus in der allgemeinen Psychologie sowie die Ausklammerung von Erlebnissen und Angst vor Psychologismus in der Theologie.

Auch in Deutschland nahm die Religionspsychologie einen frühen Aufschwung, gefördert durch die auf Friedrich Schleiermacher (1768-1834) und Albrecht Ritschl (1822-1889) zurückgehende theologische Tradition. Auch innerhalb der allgemeinen Psychologie wuchs das Interesse am Phänomen der Religion. Wilhelm Wundt, als Begründer der experimentellen Psychologie bezeichnet, sah höhere geistige Abläufe u. a. darin ausgedrückt, daß Mythen und Religionen von der Volks- und Kulturpsychologie her erforschbar und verstehbar wurden. In den Mythen sah er Projektionen menschlicher Gefühle und Bedürfnisse. Wundts Forschungswerk wurde fortgesetzt innerhalb der sog. Dorpater Schule (auch: experimentelle Schule). Hier wollte man Ernst machen mit dem Entwicklungsstand der experimentellen Methoden und begann, mit ihnen religiöse Erlebnisse zu erforschen. Hauptsächlich wurden dabei Testpersonen mit religiösen Texten konfrontiert. Nachdem sie diese zur Kenntnis genommen hatten, wurden sie genau nach ihren Assoziationen, Gedanken und Gefühlen im Zusammenhang damit befragt. Diese Schule wird vertreten etwa durch Oswald Külpe, Karl Girgensohn (1875-1925) sowie Werner Gruehn (1887-1961). Gruehns große Arbeit *Die Frömmigkeit der Gegenwart* ist gewissermaßen eine Zusammenfassung der Resultate dieser Schule, für die in Skandinavien der Däne Villiam Grønbæk als herausragender Vertreter genannt werden kann.

In Deutschland gab es außerdem eine mehr deskriptive religionspsychologische Tradition, der Rudolf Otto zugerechnet werden kann, v. a. mit seiner Arbeit *Das Heilige* (1913). Nach Otto ist die irrationale Erfahrung des Heiligen eine menschliche Qualität an sich. Zur Totalitätserfahrung gehören meist Momente des Schreckens, aber auch etwas Anziehendes (mysterium tremendum et fascinosum). Als weiterer Repräsentant dieser Richtung läßt sich Friedrich Heiler nennen. In seiner Arbeit *Das Gebet* (1918) gibt er eine phänomenologische Beschreibung des Gebetes mit psychologischen Implikationen.

Zu Beginn des 20. Jh. entstand in Europa die Tiefenpsychologie, mit Sigmund Freud in Wien als Hauptvertreter. Er befaßte sich mit den unbewußten Kräften in der menschlichen Psyche. Viele neurotische Persönlichkeitsprobleme sah er als von ungelösten Konflikten im Unbewußten verursacht an. Aber auch in gewissen kulturellen Erscheinungen sah er Folgen psychischer Probleme. Er beteiligte sich mit mehreren Arbeiten an der wissenschaftlichen Diskussion um Aufbau und Fortbestand von Religion und Kultur. Zu nennen wären hier *Totem und Tabu* (1913), *Die Zukunft einer Illusion* (1927) und *Das Unbehagen in der Kultur* (1930). Seine Auffassung von Religion ist überwiegend negativ. Ich komme später ausführlicher auf Freuds Beiträge zur Religion zurück.

C. G. Jung war zunächst einer der bedeutendsten Schüler Freuds. Etwa 1912 kam es jedoch zu einem Bruch, und Jung ging eigene Wege. Er interessierte sich für Religion und studierte eingehend Mythen und Riten fremder Religionen, wobei er große Ähnlichkeiten bei den Hochreligionen und ihren rituellen und mythischen Ausdrucksformen feststellte. Er postulierte daraufhin ein kollektives Unbewußtes beim Menschen. Wichtige Arbeiten von Jung sind *Wandlung und Symbole der Libido* (1912) sowie *Zur Psychologie westlicher und östlicher Religion.* Zu letzterem Werk gehören u. a. *Psychologie und Religion* (1942), *Das Wandlungssymbol in der Messe* (1942) und *Antwort auf Hiob* (1952). Zu Jungs Ansichten über Religion weiter unten ausführlicher.

Nationalsozialismus und Zweiter Weltkrieg bedeuteten einen großen Einbruch für die religionspsychologische Forschung in Deutschland. Viele führende Psychologen waren zu Emigration oder Schweigen gezwungen. Die auf Karl Barth zurückgehende theologische Richtung nahm Abstand von der Erforschung der psychischen Aspekte von Religion. Die Barthianer betonten stark Gottes Gnade „senkrecht von oben“. Erst allmählich begann die religionspsychologische Forschung im deutschsprachigen Raum wieder, v. a. im Schutz der 1961 wiedergegründeten Internationalen Gesellschaft für Religionspsychologie und Religionswissenschaft. Die Initiative übernahm Wilhelm Keilbach, der Verfasser von *Religiöses Erleben* (1973). Ein weiterer deutscher Religionspsychologe ist W. Pöll mit seinen Überblickwerken *Religionspsychologie* (1974) und *Das religiöse Erlebnis und seine Strukturen* (1974). Ein Wissenschaftler mit tiefenpsychologischem Hintergrund ist Joachim Scharfenberg mit seiner Arbeit *Sigmund Freud und seine Religionskritik als Herausforderung für den christlichen Glauben* (1968).

Auch in Frankreich setzt recht früh das Interesse an religionspsychologischen Fragen ein, v. a. von der Psychiatrie her. Diese besaß im späteren 19. Jh. bedeutende Vertreter, u. a. Jean Martin Charcot (1825–1893), der Einfluß hatte auf Pierre Janet (1859–1947), einen der wohl größten französischen Religionspsychologen um die Jahrhundertwende. Er behandelte Fallstudien mit Vorliegen starker psychischer Ausdrucksformen wie Stigmatisierung, Levitation und Absencen. Als einer der ersten untersuchte er Mystik religionspsychologisch. Andere herausragende Vertreter dieser psychopathologischen Schule in Frankreich sind Théodule Ribot (1839–1916), Ernest Murisier (1867–1903) sowie Henri Delacroix (1893–1937). Letzterer ist berühmt für seine Untersuchungen über Mystiker wie die heilige Theresa, Madame Guzon, den heiligen Franz von Sales und Juan de la Cruz.

Zu dieser Schule kann man auch den Schweizer Théodore Flournoy (1854–1920) rechnen, der sich ebenfalls mit den mystischen Aspekten von Religion befaßte. Berühmt ist seine Studie über den Fall der Hélène Smith, einer Frau, die sich für eine Reinkarnation von Marie Antoinette und einer indischen Prinzessin hielt. Sie erzählte auch von Reisen zum Mars und praktizierte Glossolalie (Zungenreden). Ein anderer berühmter Fall, mit dem sich Flournoy befaßte, ist Cécile Vé. Bei ihr zeigte sich eine psychische Spaltung: Der eine Teil der Seele war von Gott, der andere Teil vom Teufel besessen. Andere bedeutende Wissenschaftler in dieser Tradition sind Georges Berguer (1873–1945) und Pierre Bovet (1878–1965). Der große Entwicklungspsychologe Jean Piaget (1896–1980) erhielt wichtige Impulse von diesen frühen französischen Psychologen. Mit seinen Untersuchungen zur kognitiven und moralischen Entwicklung von

Kindern hat er auch auf die Religionspsychologie nicht geringen Einfluß ausgeübt (dazu s. u.).

In den letzten Jahren sind für die Religionspsychologie in Frankreich, Belgien und den Niederlanden Fortschritte zu verzeichnen. In Paris wirkt J. P. Deconchy, der u. a. Religion bei Kindern untersucht hat. In Brüssel arbeitet André Godin und in Löwen Antoine Vergote. Ersterer ist Verfasser der Arbeit *The Psychological Dynamics of Religious Experience* (1985), letzterer hat den Zusammenhang von Gottes- und Elternbild untersucht sowie ein Überblickwerk verfaßt, das in mehrere Sprachen übersetzt wurde (*Religionspsychologie,* 1970). In den Niederlanden ist die Religionspsychologie heute an mehreren Universitäten vertreten. Nicht zuletzt ist Nijmegen durch die Fachkonferenzen, die dort seit den 80er Jahren abgehalten werden, zu einem Zentrum geworden. Hier wirken u. a. Arnold Uleyn (Tiefenpsychologie) und Jan van der Lans (Psychometrie).

In den USA wurde die William Jamessche Tradition von Wissenschaftlern wie etwa R. H. Thouless, Gordon W. Allport und Walter H. Clark weitergeführt. Man befaßte sich weiter mit Fragen wie Bekehrung, Mystik und der reifen religiösen Persönlichkeit. In den letzten Jahrzehnten sind unterschiedliche Schulrichtungen in verschiedenen Wissenschaftszweigen entstanden, von denen mehrere von der Tiefenpsychologie beeinflußt sind. Vertreter sind Paul Tillich (1886–1965), Rollo May, Erich Fromm, Carl Rogers und Erik H. Erikson. Die sog. humanistische Psychologie, vertreten u. a. durch Allport und Abraham Maslow, befaßt sich auch mit Fragen der Lebensanschauung. Auch innerhalb der transpersonalen Psychologie (Charles T. Tart und Robert E. Ornstein) berührt man religiöse Phänomene. Von der Psychotherapie her, etwa mit D. W. Winnicott (1896–1971) und Anton T. Boisen (1876–1965), sind religionspsychologische Fragen beleuchtet worden. Heute wird Religionspsychologie in den USA in vielen verschiedenen Bereichen betrieben. Zu einem Zentrum für Forschung mit mehr sozialpsychologischem Einschlag ist die Society for the Scientific Study of Religion geworden mit ihren jährlich abgehaltenen Konferenzen sowie dem *Journal for the Scientific Study of Religion.*

In Skandinavien, insbesondere in Schweden, nahm die Religionspsychologie während der letzten Jahre einen Aufschwung, nicht zuletzt durch die Beiträge bedeutender Religionswissenschaftler in diesem Jahrhundert. Zunächst ist hier Nathan Söderblom (1866–1931) zu nennen, der sich mit Mystik befaßte, ebenso wie Tor Andrae und Ernst Arbman. In Dänemark wirkte Villiam Grønbæk mit Publikationen über die Erinnerung religiöser Erlebnisse sowie über Religion bei Kindern und Alten. Für Norwegen sind Kristian Schjelderup (1894–1980) und Ejvind Berggrav (1884–1959) zu nennen. Von ersterem liegen Veröffentlichungen vor u. a. über Mystik und Askese in verschiedenen Religionen, letzterer hat sich mit der Bedeutung des religiösen Gefühls im Christentum befaßt. Erwähnenswert ist ferner der Finne A. Voipio, der sich in den 20er Jahren mit Somnambulismus und falschen Propheten befaßte. Ihn interessierte sehr das Phänomen der sog. Schlafpredigerinnen in Finnland. Andere frühe Arbeiten aus Finnland sind Hans Ruins literaturwissenschaftliche Studie *Poesins mystik* (Die Mystik der Poesie, 1935) sowie Jan Gästrins Abhandlung *De växandes religiösa liv* (Das religiöse Leben bei Heranwachsenden, 1936). Aus den Mitteln einer größeren Spende Ende der 50er Jahre wurde an der Åbo Akademi, der schwedischsprachigen Universität in Turku, das Donnersche Institut für Religions- und Kulturgeschichte eingerichtet, dessen Hauptanliegen die Förderung der Mystikforschung ist. Dies hat auch die Religionspsychologie in Finnland wesentlich vorangebracht.

Einen markanten Durchbruch für die Religionspsychologie bedeutete 1967 die Einrichtung eines Lehrstuhls in diesem Fach für Hjalmar Sundén (*1908) an der Universität Uppsala. Er hatte sich bereits längere Zeit religionspsychologischen Fragen gewidmet und 1959 sein magnum opus *Religionen och rollerna* (dt.: Die Religion und die Rollen) veröffentlicht, in dem er u. a. seine Rollentheorie zum Verständnis religiöser Erlebnisse vorstellte (dazu weiter unten ausführlich). Zu erwähnen ist jedoch, daß Sundén sich nicht ausschließlich eines rollentheoretischen Verständnisses von Religion, sondern auch anderer theoretischer Sichtweisen bedient, wie etwa der Tiefenpsychologie. Seine wichtigsten Werke sind *Barn och religion* (Kind und Religion, 1970), *Om ålderdomen* (Über das Alter, 1964), *Zen* (1967), *Den heliga Birgitta – ormungens moder som blev Kristi brud* (Die heilige Birgitta. Die Mutter des Schlangenkindes, die Christi Braut wurde, 1973) sowie *Persona och anima* (Persona und Anima, 1981). Unter Sundéns Anleitung entstand eine Vielzahl von Dissertationen, wobei v. a. seine Rollentheorie zur Geltung kam. Zu seinen Schülern zählen Thorvald Källstad, Johan Unger, Hans Åkerberg, Owe Wikström sowie der Verfasser.

Heute wird religionspsychologische Forschung nicht nur in den erwähnten Ländern betrieben, sondern findet sich auch vielfach andernorts, z. B. in Osteuropa (v. a. in Polen) sowie in nicht genuin christlichen Teilen der Erde. Es ist unmöglich, in einer kurzen Darstellung ein angemessenes Bild der gesamten heutigen religionspsychologischen Forschung zu zeichnen, so daß die oben gemachten Ausführungen als kurzgefaßte Einführung in einige wichtige Schulen zu verstehen sind.

2. Religion als soziales Phänomen

Symbolwelt

Jede Religion existiert in einem sozialen Kontext. Wir können uns kaum eine Religion ohne eine Gruppe von Individuen denken, die sie ausüben. Schon bei der Definition von Religion pflegt man daher festzusetzen, daß die religiösen Auffassungen eines Einzelnen nicht als Religion anzusehen sind, soweit sie nicht mit anderen Gleichgesinnten geteilt werden. Es ist daher besonders wichtig, beim Studium von Religion den sozialen Aspekt zu berücksichtigen. Wir müssen ganz einfach sehen, wie die soziale Gemeinschaft, die Gruppe oder das gemeinsame Bezugssystem auf das Individuum einwirken. Dieses Interesse hat die Religionspsychologie im wesentlichen mit der Religionssoziologie gemeinsam, weswegen sich zwischen Religionspsychologie und Religionssoziologie keine scharfe Grenze ziehen läßt. Die Fragestellungen sind dagegen in beiden Wissenschaftszweigen unterschiedlich: Das Hauptinteresse der Religionspsychologie liegt auf dem Einzelnen, das der Religionssoziologie dagegen auf der ganzen Gruppe und ihrem Verhalten gegenüber anderen sozialen Faktoren wie Wirtschaft, Politik, sozialer Gruppenzugehörigkeit, Verstädterung, Säkularisierung usw.

Innerhalb der skandinavischen Religionspsychologie spielt der soziale Aspekt eine große Rolle, zu einem großen Teil deswegen, weil Sundén die lernpsychologischen Seiten stark hervorgehoben hat: Was das Individuum internalisiert, entstammt nach Sundén hauptsächlich der sozialen Gemeinschaft. Um Religiosität verstehen und erklären zu können, muß man sich daher immer zuerst fragen, ob die jeweiligen Gegenstände der Untersuchung sozial internalisiert worden sind oder nicht. Wir werden Sundéns Rollentheorie und seine Auffassung von Religiosität später im Rahmen einer eingehenden Behandlung von Erlebnissen kennenlernen.

Das religiöse Leben läßt sich in drei hauptsächliche Ausdrucksformen bzw. Dimensionen einteilen: Ansichten (Dogmen), Verhaltensweisen und Erlebnisse, für die alle das soziale Fundament entscheidend ist. Auf der Ebene der Glaubensvorstellungen (Ansichten, Überzeugungen) dient Religion als System, das den Sinn und das Ziel des menschlichen Lebens ausdrückt. Dieser Aspekt ist von Wissenschaftlern wie **Peter Berger** und **Thomas Luckmann** betont worden. Sie sprechen von Religion als einer Symbolwelt (symbolic universe) mit eigenen sinngebenden Begriffen, Symbolen, Riten usw. Die soziale Basis, die diesem sinngebenden System entspricht, nennen sie **Plausibilitätsstruktur.** Jede religiöse Gruppe besitzt, unabhängig von ihrer Größe, ein solches System und läßt Neulinge durch einen Lernprozeß daran teilhaben. Dabei durchläuft der Einzelne einen **Sozialisationsprozeß,** durch den er lernt, wie bestimmte Ereignisse, Verhaltensweisen und Erlebnisse gedeutet werden können und sollen.

Religion als sinnstiftendes System verleiht also schwer verstehbaren Erscheinungen eine Bedeutung oder macht sie zumindest in irgendeiner Weise für den Einzelnen akzeptierbar. Religion befaßt sich vor allem mit den großen Ereignissen im Leben: Geburt, Heirat, Pubertätsriten, Krankheit, Unglücke und Tod. Jede Religion versucht irgendwie, mit diesen einschneidenden Ereignissen im menschlichen Leben fertigzuwerden. Für die Übergänge werden bedeutungstragende Mythen und Riten bereitgehalten **(Rites de passage).**

Aber Religion als soziales Phänomen verleiht dem Menschen nicht nur ein sinnstiftendes Denksystem, sondern auch **soziale Rollen** für das Verhalten. Jede Gesellschaft baut auf einer großen Anzahl von Verhaltensmustern von gewisser Dauerhaftigkeit auf, z. B. wie man sich als Kind, als Elternteil, als Lehrer oder Schüler verhält oder wenn man froh, traurig, sündig oder befreit (erlöst) ist. Während des Heranwachsens übernehmen wir durch einen Lernprozeß diese Verhaltens- oder Rollenmuster. Wir erleben sie bei anderen, und dies wird zum Modell für uns, wenn die Zeit für uns selbst da ist, in die Rolle zu schlüpfen. Wenn wir eine solche Rolle (im technischen Sinn) übernehmen, tun wir dies oft völlig spontan und aufrichtig. Wir spielen die Rolle also nicht wie im Theater, wo man Distanz zu den anderen Rollen hat und bewußt die eigene spielt.

Eine Rolle ist in der sozialen Gemeinschaft selten isoliert, sondern tritt im Zusammenspiel mit unterschiedlichen Gegenrollen auf. Wenn wir nach vorgegebenen Rollenmustern handeln, z. B. Lehrer–Schüler, Pfarrer–Laie, Führer–Geführter, wird unser Verhalten kontinuierlich durch das kontrolliert, was das Gegenüber tut und sagt. So erfahren wir uns selbst innerhalb des Rollensystems (Legitimation). Wir werden sicher in unseren Rollen und fühlen uns in der Gemeinschaft zu Hause. Genau dies also geschieht bei einer religiösen Sozialisation, wenn wir uns in einer Religionsgemeinschaft heimisch zu fühlen beginnen. – Religion als soziales Phänomen ist also – sehr vereinfacht – ein sinnstiftendes Glaubenssystem und ein legitimierendes Rollensystem. Wenn wir in eine Religionsgemeinschaft hineinwachsen, erhalten wir also Erklärungsmodelle und Verhaltensmuster, die wir aufrichtig als unsere eigenen anzuwenden beginnen. Wir internalisieren m. a. W. den Gaubensinhalt (Bekenntnis) und die Riten (gottesdienstliches Leben, Liturgie). Diese ermöglichen uns auch Erlebnisse auf rein persönlicher Ebene. Läuft all dies reibungslos ab, erfahren wir Integrität (Zusammenhalt); wir erleben **Identität.**

Das soziale Zusammenspiel ist allerdings fortwährend Störungsmomenten ausgesetzt, die Glaubensstruktur und Rollenmuster gefährden können. Diese Störungsmomente können uns aus der Umgebung entgegentreten oder in der eigenen Persönlichkeitsstruktur liegen und z. T. zu Glaubenskrisen führen. Diese sind eigentlich normal und in einer pluralistischen Gesellschaft als natürlich anzusehen. Gewöhnlich halten soziale Gruppen bestimmte Mechanismen zur Beseitigung des Störenden, des Bösen bereit. Innerhalb der Religionen dienen Sündenbekenntnis, Absolution, Opfer und Aktivität nach außen (Missionseifer, zuweilen auch Krieg) als solche Mechanismen. Die Gruppe kann so ihren Zusammenhalt stärken und heilen. Individuelle Heilung nennen wir Therapie, sich seelischer Probleme im Rahmen von Religion anzunehmen bezeichnen wir als **Seelsorge.**

Jede größere Gesellschaft und Religion bildet eine übergreifende Symbolwelt mit vielen verschiedenen Abteilungen **(Substrukturen),** deren Verhältnis zueinander recht aggressiv sein kann. Gewöhnlich verbleibt man in der Gruppe oder Symbolwelt, in der man aufgewachsen ist und erhält sich so seine psychische Stabilität. Bisweilen kommt es jedoch auch zum Wechsel von Glaubensstruktur und Verhaltensmuster. Dieser Prozeß kann sich länger oder kürzer hinziehen und von vielen unterschiedlichen Faktoren innerhalb der Gruppe oder des Individuums als psychischer Einheit abhängen. Den Übergang von einer Symbolwelt oder Substruktur zu einer anderen nennen Berger und Luckmann **Alternation.** Diese kommt dem in der Religionspsychologie oft beschriebenen Phänom der **Bekehrung** sehr nahe, das im Grunde einen Wechsel von Glaubensstruktur oder Verhaltensmuster bedeutet. Der Begriff kommt allerdings auch in anderen Bedeutungen vor: In bestimmten christlichen Kreisen ist die **Entscheidung** gemeint, d. h. die (oft erlebnismäßige) Übernahme der seit der Kindheit internalisierten Glaubensstruktur. Man wechselt also keine Anschauung, sondern bejaht entschieden das, was man als Kind verinnerlicht hat. Bekehrung bezeichnet aber auch den oft langsamen Reifungsprozeß hin zu einem homogenen religiösen Glaubensstandpunkt. Unter Berufung auf William James gebraucht Hans Åkerberg den Begriff gern in dieser Weise.

Die o. a. Sichtweise („symbolischer Interaktionismus") spielt in letzter Zeit eine recht wichtige Rolle in der skandinavischen Religionspsychologie, da sie so gut mit der von Sundén propagierten Rollentheorie vereinbar ist. So habe ich mich ihrer bei der Untersuchung der Pfingstbewegung und der dort vorfindlichen Erlebnisstrukturen bedient: Der Weg zum vollwertigen Pfingstler führt über verschiedene Erlebnisstadien. Das erste ist meist die persönliche Bekehrung (bei der zweiten und dritten Generation die Entscheidung), durch die man die Gruppe als solche akzeptiert und die wichtigen Normen und Rollen schnell verinnerlicht. Hierher gehört der Empfang von Wassertaufe und Geistestaufe. Die Wassertaufe geschieht wie bei den Baptisten durch Untertauchen und ist ein Glaubensakt, der die Zugehörigkeit zur Gemeinde begründet. Man lernt auch, daß eine Geistestaufe für ein reiches und überströmendes Glaubensleben notwendig ist. Die Geistestaufe geschieht jedoch nicht automatisch, da sie eine göttliche Gnadengabe voraussetzt, meist das Zungenreden. Die Gruppe kennt jedoch verschiedene fördernde Mechanismen (Gebet, Fürbitte, Handauflegung usw.), die dem Einzelnen zu diesem wichtigen Erlebnis verhelfen sollen. Die meisten, jedoch nicht alle Pfingstler empfangen so früher oder später die Geistestaufe. Auf dieses Erlebnis komme ich weiter unten näher zurück.

Aufbau und Funktion der Gruppe

Jede Gesellschaft besteht aus einer großen Anzahl von Gruppen. Eine Gruppe sind zwei oder mehr Personen mit gemeinsamen Normen und einer dazugehörigen Rollenverteilung. Normen sind Verhaltensregeln, die die für die Gruppe gemeinsame Wertordnung und deren Spezifikation (Forderungen) für die einzelnen Rolleninhaber ausdrücken. Rollen sind die typisierten Handlungsmuster innerhalb einer bestimmten Gruppe.

Gruppen lassen sich in verschiedener Weise typologisieren. Sehr gebräuchlich ist die Einteilung in Primär- und Sekundärgruppe. In eine Primärgruppe wächst der Einzelne nach der Geburt hinein. Die Familie ist die gewöhnlichste Primärgruppe. Zu einer Sekundärgruppe kommt man später im Leben, oft mit Auswahl zwischen mehreren. I. d. R. mißt man der Primärgruppe gegenüber Sekundärgruppen (Freundeskreis, Clique usw.) die größte Bedeutung für die psychische Entwicklung des Individuums bei.

Eine weitere Möglichkeit ist die Einteilung in **informelle** und **formelle** Gruppen. Informelle Gruppen entstehen spontan, während formelle Gruppen regelrecht von jemandem gegründet worden sind.

Man kann auch zwischen **„membership-group“** und **„reference-group“** unterscheiden: Die membership-group ist eine Größe, der man persönlich angehört, während man die reference-group idealisiert oder auf Distanz zu ihr geht. Idealisierte reference-groups scheinen besonders für Jugendliche von großer Bedeutung zu sein (z. B. Popgruppen). Auch im religiösen Bereich stößt man oft auf reference-groups. Nach idealisierter Frömmigkeit sucht man nicht selten in den USA innerhalb Low-Church-orientierter und in Skandinavien innerhalb freikirchlicher Kreise.

Die **„in-group“** ist eine Gruppe mit starkem Wir-Gefühl, in der man sich zu Hause fühlt. Das Gegenteil ist die **„out-group“**, zu der man Distanz hält: Wir Erlösten hier und die Unerlösten dort, wir Christen hier und dort die Heiden als Ausdruck dieser auf Gegensätzen beruhenden Gruppeneinteilung. Für religiöse Kreise sind oft deutliche out-groups typisch, zu denen als Ort der Wirksamkeit des Bösen man klar auf Distanz geht. Dazu gehören in bestimmten Kreisen Kommunisten, Terroristen, Anhänger heidnischer Religionen sowie Gruppen sexuell Andersartiger. Vertreter dieser Kreise sind oft autoritär und rigide.

Es ist wichtig zu betonen, daß die Beziehungen zwischen verschiedenen Gruppen keineswegs schlecht sein müssen. Meist bilden Gruppen innerhalb eines größeren Ganzen eine Art hierarchischer Ordnung. So gibt es innerhalb der christlichen Kirchen eine Anzahl unterschiedlicher Gemeinden, Vereine und Kreise, die alle gegenseitig einander stützen und zusammen eine Einheit bilden. Zuweilen entstehen jedoch, wie wir wissen, Konflikte, die destruktiv oder bisweilen geradezu konstruktiv sein können.

Die verschiedenen Rollen innerhalb einer Gruppe sind nicht exakt gleichwertig, sondern bilden oft eine Rangordnung (Hierarchie) entsprechend Macht und Einfluß. Dies bezeichnet man als die **soziale Position** der Rolle. Die Anführer (Bischof, Papst, Priesterschaft usw.) haben natürlich die höchsten, die Mitläufer an der äußersten Peripherie die niedrigsten Positionen inne. Bestimmte Gruppen halten sich sogar Sündenbockrollen, d. h. einer oder mehrere haben immer Demütigung oder gar Strafe auf sich zu nehmen. Offenbar neigen dieselben Personen dazu, in unterschiedlichen Gruppen jeweils Rollen mit ähnlicher Position einzunehmen. Das würde bedeuten, daß manche es leicht haben, Anführer zu sein und andere wiederum, angeführt zu werden.

Jede beständigere Gruppe hat im weitesten Sinne ein **Ziel.** Diese Ziele können rein ideell sein und kaum dazu gedacht, eigentlich erreicht zu werden. Christliche Bewegungen, insbesondere einige Erweckungsbewegungen, haben zuweilen die Evangelisierung der gesamten Welt als ein solches Idealziel. Andere Ziele wiederum sind realistischer und sollen u. U. schnell erreicht werden. Eine jährliche Einkommenserhöhung von einigen Prozent oder eine Ausweitung des Tätigkeitsbereichs in vernünftigem Ausmaß können als reelle Ziele angesehen werden.

Einer der wichtigsten Aspekte des Gruppenlebens ist der **Gruppendruck:** Es gibt eine Neigung, das Verhalten und die Muster der Mehrheit oder des Anführers zu übernehmen, oft recht unbemerkt. Der Neuling oder der Unterlegene merkt vielleicht gar nicht, wie rasch er sich den Gruppennormen anzupassen oder diese zumindest zu akzeptieren sucht. Starke Führerpersonen mit großer Autorität können sehr schnell Gleichgerichtetheit und Ähnlichkeit von Wertsystemen und Verhaltensweisen bei den Einzelnen hervorrufen. Die **Autorität** kontrolliert dabei die Personen mit unterschiedlichen zur Verfügung stehenden Mitteln, meist positiv durch **Belohnungen** (z. B. Segen), zuweilen aber auch durch strafende **Sanktionen** (körperliche Züchtigung, Isolation, Bußen, Liebesentzug).

Die Intensität des Gruppendrucks hängt von der Macht der Führer und der Gruppe selbst innerhalb einer Gesellschaft ab. Ist die Gruppe gut in die Gesellschaft integriert, ist der Gruppendruck für die Mitglieder kaum spürbar und folgt ganz einfach sozialpsychologischen Mechanismen, die man normalerweise nicht wahrnimmt. Kommt dagegen eine Gruppe mit den normalen Gesetzen und Wertsystemen der Gesellschaft in Konflikt, muß die Disziplin möglicherweise durch bedeutend strengere Regeln aufrechterhalten werden. Derart radikale religiöse Gruppen gibt es bisweilen. Sehr bekannt wurde Ende der 70er Jahre die sog. Guyana-Bewegung unter der Führung von Tom Jones: Sie beging kollektiven Selbstmord.

Personen, die sich der Gruppe, der sie angehören, nicht anpassen wollen, müssen versuchen, deren Normen zu ändern, zu Abweichlern werden oder die Gruppe völlig verlassen. Bei unterschiedlichen Gruppen variiert die Toleranz gegenüber Abweichlern und Andersdenkenden sehr stark. Die Normen besitzen m.a.W. von Gruppe zu Gruppe unterschiedlich großen Spielraum. Eine wenig tolerante Gruppe bezeichnen wir als rigide. Solche Gruppen sind innerhalb von Religionen durchaus nicht ungewöhnlich. Meint man, eine große Mission Gottes erfüllen zu müssen, die die gesamte Menschheit betrifft, und hat man sich außerdem Machtbefugnisse angeeignet, entwickeln sich rasch rigide Züge. Die Konflikte, in die ein Andersdenkender geraten kann, lassen sich mit der bekannten Theorie Leon Festingers als kognitive Dissonanz bezeichnen. Eine Dissonanz längere Zeit auszuhalten gilt als schwer. Früher oder später pflegt es zu einer „Lösung" nach irgendeiner Seite hin zu kommen, so z.B. bei Ehepartnern mit unterschiedlicher religiöser Bindung.

Rollen mit hoher sozialer Position besitzen hohen **Status** innerhalb der Gruppe, und Personen, die sie innehaben, genießen großes **Prestige**. Es gibt eine Tendenz zur Überbewertung von Rollen mit hohem Status und zur Minderbewertung von Rollen mit niedrigem Status. Zur Aufrechterhaltung der Rollen mit hohem Status pflegt man diese mit unterschiedlichen **Statussymbolen** zu versehen, die den Wert der Rolle innerhalb der jeweiligen Gruppe zusammenfassen und ausdrücken. Es entsteht m.a.W. eine **Hierarchie**. Statussymbole erscheinen meist an der Kleidung: Uniformen, Meßgewänder, Schmuck und Medaillen. Im religiösen Bereich sind diese Symbole oft recht gut entwickelt. Der Klerus ist im Christentum schon lange hierarchisch strukturiert, und die verschiedenen Amtstrachten zeigen das Prestige an, das der Inhaber innerhalb der Gruppe genießt.

Die Führung

Die Führung ist einer der allerwichtigsten Teile der Gruppe und kann verschieden aussehen. Die Anführer lassen sich grob in drei Kategorien einteilen: 1. die **Autoritären,** 2. der **Laissez-faire-Typ** und 3. diejenigen, die die **gemeinsamen Interessen und Zielsetzungen der Gruppe zu ihrem Recht kommen lassen wollen.** Die autoritären Anführer üben Macht aus ohne größere Rücksicht auf die persönlichen Interessen der Mitglieder. Sie gehen daher leicht ihres Vertrauens und ihrer führenden Stellung verlustig, wenn sie keine Möglichkeit zu Strafmaßnahmen haben. Der Klerus in einem Staatskirchensystem war besonders früher der Versuchung ausgesetzt, einen derartigen Führungsstil auszuüben.

Die Laissez-faire-Anführer dagegen sind möglicherweise zu nachgiebig und sehen sich schnell damit konfrontiert, daß die Mitglieder unzufrieden sind, weil ihnen die starke Hand fehlt. In sich widersprüchliche Botschaften stammen oft von solchen Anführern. Kirchenführer in einer pluralistischen Gesellschaft können in eine solche Situation geraten.

Anführer der dritten Kategorie versuchen bei ihrer Leitung gleichzeitig mit der Beachtung der Ziele, die die Gruppe gemeinsam aufgestellt hat, auf die verschiedenen Interessen der Mitglieder einzugehen. Wichtig für jede Gruppe ist eine gute Kommunikation zwischen dem Anführer und den übrigen Mitgliedern. Rückkopplungsmechanismen (**feedback**) zwischen der Führung und den übrigen sind notwendig, wenn die Gruppe gut arbeiten soll.

Man kann auch zwischen **expressiven** und **instrumentellen** Anführern unterscheiden. Expressive Anführer konzentrieren sich darauf, emotionale, affektive Bindungen auszudrücken. Instrumentelle Anführer dagegen repräsentieren die Gruppe nach außen und versehen ihre Aufgaben mit Sachkenntnis und Rationalität. In unserer Gesellschaft wird meist die Familie als Beispiel für diese beiden Typen angeführt: Die Mutter übt meist eine expressive, der Vater eine instrumentelle Führung aus.

In etwas größeren Gruppen ist die Führung gewöhnlich in irgendeiner Weise formalisiert. Eine häufige Form ist heute ein Vorstand mit Vorsitzendem, Sekretär, Schatzmeister usw. Der Vorstand arbeitet **exekutiv**: Seine Aufgabe ist die Ausführung der von der gesamten Gruppe gefaßten Pläne. Die Meinungen aller Mitglieder finden auf der Mitgliederversammlung Gehör. Je mehr schriftliche Prozedurregeln eine Gruppe hat, so sagt man, desto formalisierter ist sie. In der heutigen bürokratischen Gesellschaft neigen auch die unterschiedlichen religiösen Erweckungsbewegungen dazu, sich den gängigen Organisationsmodellen anzupassen. Es ist heute für eine Interessengemeinschaft (ob Erweckungsbewegung, Missionsvereinigung oder Jugendkreis usw.) schwierig, ohne formelle Regeln zu funktionieren.

Ein wesentlicher Punkt ist, wie in einer Gruppe mit Konflikten umgegangen wird. Probleme können innerhalb der Gruppe, aber auch im Verhältnis zu Personen außerhalb aufkommen. Formalisierte Gruppen haben meist festgesetzte Regeln für den Umgang mit Konflikten. Mehrheitsentscheidungen auf Mitgliederversammlungen sind häufig, wobei von der Minderheit erwartet wird, daß sie sich der Mehrheit fügt. Wird auf eine feste Regel hingewiesen, spricht man von **rational-legaler** Autorität. Wird hingegen mit in der Gruppe eingebürgerten Gebräuchen argumentiert, bezeichnet man dies als **traditionelle** Autorität. Wenn ein Anführer mit starker persönlicher Ausstrahlung kraft seiner persönlichen Begabung die Führung versieht, liegt **charismatische** Autorität vor. Informelle Gruppen sind stärker abhängig von den persönlichen Eigenschaften des Anführers. So nimmt ein Kult oder eine Erweckungsbewegung oft von einer bzw. einigen wenigen starken Persönlichkeiten her ihren Ausgang. Diese Einteilung der Autoritäten geht auf Max Webers religionssoziologische Beiträge vom Beginn unseres Jahrhunderts zurück.

Größere Gruppen erfordern oftmals eine festere Führung, während Kleingruppen relativ einfach und frei arbeiten können. Man kann daher – natürlich mit Ausnahmen – sagen, daß in großen Gruppen weniger Leute mehr zu sagen haben, während sich in kleinen Gruppen mehr Beteiligte äußern können. Um in gewissem Maß eine Ebenbürtigkeit der Mitglieder zu garantieren, muß die Gruppe klein sein, nicht größer als ca. 10 Personen. Wird sie größer, verändert sich sofort die Arbeitsweise, und zur Erhaltung ist weitergehende Formalisierung notwendig. Einer oder mehrere übernehmen die Führung. Innerhalb sehr großer Gruppen wie der evangelisch-lutherischen oder der römisch-katholischen Kirche ist sicherlich ein gewisses Gemeinschaftsgefühl möglich, aber nur wenige haben den Eindruck, die Möglichkeit zur Einflußnahme zu besitzen. Die Gruppierung kann hier zu einer Art Idealgruppe werden, zu der man aufblickt. Gemeinschaft erlebt man statt dessen in einer kleineren Gruppe innerhalb der großen Kirche, z. B. in einer Erweckungsbewegung, Gemeinde, Kommunität, einem Orden oder anderen Kollektiv.

In meiner Arbeit über die Pfingstbewegung unter den Finnlandschweden habe ich die Führung dieser Bewegung anhand der erwähnten Kategorien untersucht. Die Pfingstbewegung in Schweden besaß etwa fünfzig Jahre lang in Lewi Pethrus einen großen charismatischen Führer. Sein Einfluß wurde richtungsweisend für die Pfingstbewegung nicht nur in Schweden, sondern zumindest in ganz Skandinavien. Aber ein solch großer Anführer kann natürlich nicht in alle feineren Strukturen in den einzelnen Gemeinden eingreifen. Dort müssen Prediger und Älteste die Macht kraft der ihnen von der Gemeinde und durch die Ideologie gegebenen Befugnisse ausüben. Die Folge ist eine Kombination von Biblizismus (Fundamentalismus), der dem geistlichen Führer große Autorität verleiht, und persönlichen Führungsqualitäten Einzelner. Im Laufe von etwa zehn Jahren kommt leicht ein traditionelles Autoritätsdenken auf: So und so haben wir das immer gemacht hier in der Gemeinde. Ganz frei von rational-legaler Autorität kann man jedoch nicht sein, da die Gemeinden auch registrierte Vereine sein müssen, die sich an die Bestimmungen der Vereinsgesetzgebung zu halten haben. Die Entwicklung ist dahin gegangen, daß die vereinsgesetzlich vorgeschriebenen Vorstandsmitglieder gleichzeitig die Presbyter sind und damit die geistliche Autorität in der Gemeinde innehaben. Meine Analyse der Machtstruktur folgt also auf weiten Strecken der von J. A. Beckford 1975 vorgestellten Theorie.

Anschluß an eine Gruppe

Einer Gruppe beizutreten ist auf unterschiedliche Art und Weise möglich, abhängig von vielen gesellschaftlichen und individuellen Faktoren. Einige der wichtigsten liegen in Aufbau und Aktivität der Gruppe.

Bei religiösen Organisationen läßt sich, grob gesagt, zwischen **Kirchen und Sekten** unterscheiden. In eine Kirche wird man hineingeboren. Sie ist universell und umfaßt einen großen Teil der Bevölkerung des jeweiligen Landes. Sekten dagegen sind Gruppen mit Normen, die sich in bestimmten Ansprüchen äußern. In eine Sekte wird man nicht hineingeboren, sondern man wird Mitglied durch persönliche Stellungnahme. Sekten achten außerdem oft auf eine klare Abgrenzung zur übrigen Gesellschaft. An die Sektenmitglieder werden daher oft hohe ethische Forderungen gestellt. Sekten werden nicht selten zumindest in der Anfangsphase ihres Bestehens von charismatischen Persönlichkeiten angeführt.

Die Typologie Kirche–Sekte geht auf von **Max Weber** zu Beginn dieses Jahrhunderts angestellte Untersuchungen zurück. Später haben verschiedene Wissenschaftler weiter an der Typologisierung religiöser Bewegungen gearbeitet und eine Anzahl von Kategorien hinzugefügt, so daß wir heute vor einem ganzen Spektrum stehen von der Universalkirche über die Denomination und die Sekte bis hin zur losen Gruppierung (Kult). **Denominationen** sind Zwischenformen zwischen Kirche und Sekte und kommen in pluralistischen Gesellschaften vor, in denen viele religiöse Organisationen nebeneinander bestehen. Denominationen respektieren das Wertsystem der Gesellschaft und streben keine Distanz zu ihr an. Methodismus und Baptismus sind typische Denominationen. Das eingehendere Studium des Entstehens, der Entwicklung und des Aussterbens religiöser Organisationen gehört nach allgemeiner Ansicht in den Bereich der Religionssoziologie. Hier interessiert nur die Frage, wie man Mitglied einer Organisation wird, mitsamt ihrer psychologischen Seite. Dabei ist selbstverständlich der Typus der Sekte am interessantesten.

Während der 70er Jahre wurde Europa von einer Woge neuer religiöser Bewegungen überschwemmt, viele davon indischen oder sonst fremdartigen Ursprungs. Typologisch gesehen sind mehrere von ihnen Sekten. Andere dagegen sind lockere geistliche Gemeinschaften und werden am besten als **Kulte** bezeichnet. Die Forschung brachte diesen neuen Bewegungen sofort großes Interesse entgegen. Vor allem interessierte man sich für die Art der Werbung neuer Mitglieder. Darüber liegen inzwischen einige Untersuchungen vor. Meist interessiert man sich für recht exklusive Bewegungen und hat dabei u. a. Parallelen zu intensiver Überredungskommunikation bis hin zur Gehirnwäsche festgestellt.

Die Theorien zum Entstehen neuer Bewegungen und der Inkorporation von Mitgliedern lassen sich auf verschiedene Weise einteilen. Einige etwas ältere Theorien bezeichnet man am besten als Deprivationstheorien. Hier wird davon ausgegangen, daß Einzelne sich in irgendeiner Weise benachteiligt bzw. **depriviert** fühlen. Dies ist in unterschiedlichen Bereichen möglich. Die verschiedenen Formen sind: wirtschaftliche, soziale, ethische, physische und psychische Deprivation. Nach **Ch. Y. Glock** und **R. Stark**, die sich dieser Typologie bedient haben, führen wirtschaftliche, physische und ethische Deprivation zur Bildung sektenartiger Organisationen. Soziale Deprivation hingegen bringt tendenziell kirchenartige Organisationen hervor, von psychischer Deprivation rühren Kulte her.

Eine andere Gruppe von Theorien sieht nicht die Deprivation als primär an, sondern sucht nach strukturellen Spannungen zwischen Gruppen in der Gesellschaft. Gibt es gemeinsame Anschauungen und glückt die Mobilisierung von Personen mit gleichen Ansichten, können neue Gruppierungen entstehen, vorausgesetzt daß die Kontrolle der Gesellschaft dies nicht verhindert. Für den Beitritt rechnet man mit einem Drei-Stufen-Schema: 1. Prädisponierende Faktoren (Bedürfnisse und Motive der Einzelnen), 2. Herstellung von Kontakt zwischen Individuen mit ähnlichen Bedürfnissen, durch die diese zusammengeschweißt werden sowie 3. Beitrittsprozeß (commitment). Derartige Theorien hat Curt Dahlgren beim Studium des Aufkommens der Maranatha-Bewegung in Schweden angewendet. Die Gruppierung spaltete sich Anfang der 60er Jahre von der Pfingstbewegung ab und wurde in der Öffentlichkeit sehr bekannt, u.a. durch einige Fernsehbeiträge über ihre Zusammenkünfte sowie durch Todesfälle, bei denen die medizinische Versorgung nach vermuteter Glaubensheilung abgebrochen worden war. Später zersplitterte sich die Gruppierung.

Eine Untersuchung zum Ablauf der Eingliederung sind die Beschreibungen von Luther P. Gerlach und Virginia H. Hine. Sie teilen den Ablauf in sieben Stadien ein: 1. Der erste Kontakt ergibt sich oft spontan auf der Straße, im Freundeskreis u. dergl. 2. Die Sektenmitglieder versuchen, beim Neuling das Bewußtsein für bestimmte Bedürfnisse und Umstände zu wecken, z. B. Sinn des Lebens, geistliches Scheitern früherer Bewegungen, Zukurzkommen der Elterngeneration, oft recht allgemeine Dinge, denen die meisten zustimmen können. 3. Es folgt eine Phase des Einlernens, in der die positiven Züge der Gruppe so stark wie möglich hervorgehoben werden, um positive affektive Bindungen zum Neuling aufzurichten. 4. Den folgenden Schritt bezeichnen die Wissenschaftler als Beschluß, die alte Identität aufzugeben. Eine Art Lösung von dieser findet nun statt, deren Ziel 5. ein „Brückenverbrennungsritus" ist, d.h. eine Symbolhandlung, in der der Neuling vollwertiges Mitglied wird und voll und ganz für das Neue Stellung bezieht. Dabei kann es sich um ein öffentliches Bekenntnis handeln, ein Zeugnis, eine Taufe oder Geistestaufe, ein Gebet o. ä. Durch einen solchen Ritus gibt man dem alten Leben, den früheren Freunden den Abschied und widmet sich nur noch der Gemeinschaft in der neuen Gruppe. 6. Das Bekenntnis wird weiter gefestigt und 7. die Gruppe stützt aktiv das neue Mitglied.

Je höher die Forderungen einer Bewegung an ihre Mitglieder sind, desto enger müssen diese im übrigen an die Gruppe gebunden werden. Unterscheidet sich die Anschauung außerdem erheblich von der der übrigen Gesellschaft, muß die Bewegung intensives Engagement fordern, um ihre Mitglieder zu behalten. In bestimmten Fällen kann daher der Beitrittsprozeß einer Gehirnwäsche gleichkommen. Robert Lifton hat einen solchen intensiven Beitrittsprozeß beschrieben. Er hebt die konsequente Milieukontrolle und die „mystische Manipulation“ hervor, d. h. dem Neuling wird gewissermaßen eröffnet, daß er Gegenstand einer geheimnisvollen, womöglich göttlichen Auswahl für die jeweilige Gruppierung geworden sei, die eine besondere Mission in der Welt zu erfüllen habe. Lifton spricht außerdem von den hohen Forderungen dieser Bewegungen bezüglich der Reinheit der Lehre, vom Festhalten an der absoluten Wahrheit und vom Vorrang der Lehre gegenüber individuellen Bedürfnissen. Das Kollektiv hat die Befehlsgewalt. Die Exklusivität geht mitunter so weit, daß gewissermaßen nur noch die eigene Gruppe existiert. Alles andere ist sozusagen nur scheinbar und gehört höchstens der Sphäre des Bösen an, das ja so schnell wie möglich vernichtet werden muß. Bei exklusiven religiösen Bewegungen führen gerade solche Denkarten zu Kriminalität und anderen für die Allgemeinheit nicht akzeptierbaren Handlungsweisen.

Zu beachten ist, daß die erwähnten gruppenpsychologischen Prozesse in abgemilderter Form in allen Gruppen innerhalb unserer Gesellschaft vorkommen. Lediglich die extreme Ausnutzung der Prozesse gegen die eigenen Motive der Einzelnen werden als verwerflich angesehen. Hier wäre an die bereits erwähnte Guyana-Sekte zu erinnern, die 1979 in einer Situation der Bedrängnis kollektiven Selbstmord beging.

Zur Sakralisierung und Transzendierung kultischer Erlebnisse gibt es in verschiedenen Bewegungen unterschiedliche Methoden, die man grob in drei Gruppen einteilen kann: 1. **Rituell-mystisch** (Sakramentalisierung), 2. **rational-verstehend** (Unterweisung und Predigt) und 3. **charismatisch-überredend** (feurige Predigten, Prophezeiungen, Zungenreden usw.). Die erste Gruppe ist gewöhnlich in den großen Kirchen beheimatet, wo man durch Sakramente und rituelle Handlungen ein transzendentes Erlebnis zu erzielen sucht. Diese Kategorie wird z. B. von der römisch-katholischen und der griechisch-orthodoxen Kirche vertreten. Für die zweite Gruppe wären am besten die evangelisch-lutherische Kirche und weitere Gemeinschaften zu nennen, in denen Unterweisung und Predigt zentral sind. Man versucht, durch rationale Argumente oder zumindest Versuche in dieser Richtung zu überzeugen. Die dritte Gruppe wird von Sekten und evangelikalen Bewegungen vertreten, in denen die charismatischen Elemente im Vordergrund stehen. Die Pfingstbewegung ist eine typische Bewegung, in der religiöse Erlebnisse durch intensive Überredung und Charisma erzielt werden. Die Bewegung ist jetzt 80 Jahre alt, und die ursprünglichen Methoden sind sicherlich in gewissem Maß verwaschen, aber nichtsdestoweniger werden weiterhin die dramatischen Effekte idealisiert.

Überredungskommunikation kann verschieden aussehen. Verläuft sie rasch und ohne Rücksicht auf die persönliche Fähigkeit des Individuums, die Information zu verarbeiten, kommt sie **Suggestion** und **Propaganda** nahe. Es gibt keine völlig scharfe Grenze zwischen gewöhnlicher Internalisierung und propagandistischen Effekten. Beide nutzen i. a. dieselben sozialpsychologischen Mechanismen. Propaganda tut dies in Reinkultur und will den einzelnen ohne persönliche Nuancierung beeinflussen, zielt also auf Manipulation ab. Soll Propaganda erfolgreich sein, muß sie intensive Verwendung emotionaler Botschaften und ständige Wiederholung gewisser Dinge gleichermaßen einbeziehen. Weiterhin muß sie an allgemeine Wertordnungen und an Kenntnisse des Hörers anknüpfen, ohne jedoch individuell Vertiefungen solcher Kenntnisse zuzulassen. Sie darf ferner nur *eine* richtige Antwort auf alles aufzeigen und muß dem Individuum beibringen, daß diese die einzige Möglichkeit zur Rettung darstellt. Masseneffekte (Prozessionen, Demonstrationen), Gesang und Musik können die Wirkung der Überredungskommunikation zusätzlich verstärken. Bei größeren Erweckungsveranstaltungen finden sich oft Beispiele solcher Kommunikation. Die Untersuchung großer Veranstaltungen im Zusammenhang mit Konferenzen der Pfingstbewegung förderte derartige Beispiele zutage.

Die Wirkung der Überredungskommunikation ist oft größer, wenn sie von Personen mit großer Autorität ausgeübt wird. Diese schreibt man gewöhnlich Personen zu, die größeren Zusammenhängen entstammen, d. h. oft Ländern, deren geistliches Leben in irgendeiner Weise idealisiert wird. Für Europa sind dies nicht selten die USA. Die Vorerwartungen beim Publikum wachsen mit der Menge an positiver Vorinformation. Durch die heutige schnelle Massenkommunikation gelangen bestimmte führende Persönlichkeiten rasch zu großer Autorität, so z. B. Papst Johannes Paul II. oder auch der bekannte amerikanische Prediger Billy Graham, der ab und zu Evangelisationsreisen unternimmt. Diese werden oftmals lange und genau vorbereitet. Die Menschen kommen in Scharen und nehmen am Geschehen teil, zu dem man von vornherein positiv eingestellt ist und an das man Erwartungen stellt. Diejenigen, die auf die Botschaft und den Charakter der Veranstaltung vorbereitet sind, haben offensichtlich etwas davon. Während des langen Verlaufs werden allerdings nur wenige neue Mitglieder für die geistliche Gemeinschaft gewonnen.

In Finnland gelangte Niilo Yli-Vainio Ende der 70er Jahre zu ähnlicher Autorität. Seine Veranstaltungen stießen auf Interesse, u. a. weil Menschen bei der Berührung mit ihm gleichsam ohnmächtig für kurze Zeit zur Erde fielen. Dieses Phänomen des Umfallens war damals in unserem skandinavischen Milieu relativ neu, ist aber als eine Art geistlicher Gnadengabe bei anderen Predigern erhalten geblieben. Im angelsächsischen Bereich dürfte es spätestens seit den großen Erweckungen des 18. Jh. bekannt sein. Umfallen bei Berührung ist leicht als suggestives Phänomen erklärbar, wobei die Vorerwartungen und die momentane emotionale Aufgeladenheit eine große Rolle spielen.

Wenn ein Beitrittsprozeß gut abläuft, wird das Mitglied fest an die jeweilige Gruppe gebunden, erlebt in den meisten Fällen Integrität und nimmt eine fest vorgeschriebene Rolle ein. Das sozialpsychologische Geschehen läßt sich auch als Entwicklung einer **voll ausgebildeten religiösen Struktur** beim Individuum beschreiben. Werden die Normen und Ideale einer Gruppe innerhalb dieser internalisiert, prägt sich eine Struktur mit neuen Erkenntnissen und festen Verhaltensmustern im Nervensystem ein. Kleine Zeichen innerhalb der Gruppengemeinschaft können dann ein echtes und großes Erlebnis auslösen. Der Einzelne besitzt Erinnerungsmaterial, das in Predigten, Liedern und Liturgie überhaupt aktualisiert werden kann. Man erinnert und aktualisiert eigene frühe geistliche Erlebnise, wenn ein anderer redet oder singt. So erleben zumindest reife sowie alte Menschen oft Sinnerfüllung und Freude. So betrachtet versteht man, warum religiöse Bewegungen oft auf dieselben Themen und biblischen Motive zurückkommen. In Zeugnissen und Predigten werden nicht selten ähnliche Erlebnisse wiederholt, die dem Neuling nicht viel sagen, für das treue Mitglied aber durch Anknüpfungsmaterial einschneidende Bedeutung und emotionales Gewicht bekommen.

In dieser Weise hat Hjalmar Sundén die positive Seite von Gruppenidentifikation und -kommunikation beschrieben. Gordon W. Allport spricht hier von sozialer Förderung (**social facilitation**). Das Gegenteil ist die **schwach ausgebildete religiöse Struktur**, die zu Verwirrung und Angst führt. Religiöse Gruppierungen können somit anhand besonders idealisierter Erlebnismodelle wie Bekehrung auf der Büßerbank, Zungenreden usw. ein ganzes Register von Äußerungen und Erfahrungen ausspielen, dic für den Eingeweihten durchweg Sinn und Bedeutung haben, während der Außenstehende mit schwach ausgebildeter religiöser Struktur darin nur sinnlose und unkontrollierte Äußerungen sehen kann.

3. Religion als Erlebnis

Einleitung

Das besondere Forschungsfeld der Religionspsychologie bilden seit dem Ende des 19. Jh. die religiösen Erlebnisse. Damit meint man innere geistliche Erfahrungen unterschiedlicher Intensität, die von demjenigen, der sie hat, mit einer starken Wirklichkeit jenseits des Irdischen in Verbindung gebracht werden. Dazu gehören z. B. Erlebnisse göttlicher Führung, Berufungserfahrungen, Bekehrungen, das Gefühl des Gerichtet- und Verworfenseins, Visionen, Auditionen, taktile Erlebnisse usw. Die intensiveren unter diesen Erlebnissen bezeichnet man oft als mystisch. Typisch mystisch ist das Erlebnis der Einheit mit dem Göttlichen oder Übernatürlichen, mit der jenseitigen Wirklichkeit. Charakteristisch ist außerdem der vorübergehende Verlust des Zeit- und Raumgefühls: Man verliert gewissermaßen sein Ich. Die Mystik ist eine Erscheinung, die die Religionswissenschaft in allen großen Religionen wiedergefunden hat. Ich komme später ausführlicher darauf zurück.

Religiöse Erlebnisse werden zuweilen als hochgradig emotional bezeichnet. Selbstverständlich enthält ein Erlebnis immer Gefühlsmomente, aber das ist keinesfalls alles: Gewöhnlich führt ein intensives religiöses Erlebnis zu neuem Wissen und neuen Erkenntnissen. Religiöse Erlebnisse beanspruchen daher die gesamte Fähigkeit des Menschen (auf lern- und wahrnehmungspsychologischer, kognitiver, emotionaler Ebene usw.), Eindrücke wahrzunehmen und zu verarbeiten.

Religiöse Erlebnisse zu erforschen ist aus vielen Gründen schwer: Zunächst einmal ist ein Erlebnis nie direkt zugänglich, da es sich immer um eine äußerst persönliche und innerpsychische Sache handelt. Der Zugang erfolgt immer indirekt, z. B. über Berichte einer Person, durch Beobachtung des Erlebenden, Messungen an verschiedenen Körperteilen usw. Die zweite Schwierigkeit ist die Deutung dieser Daten. Von einem Bewußtlosen wissen wir nicht mit Sicherheit, ob er krank ist und Hilfe benötigt, oder ob sein Zustand von intensiver Meditation und Versenkung herrührt. Schriftlichen oder mündlichen Erlebnisberichten gegenüber müssen wir uns kritisch verhalten und fragen, ob darin Selbsterlebtes zum Ausdruck gebracht wird oder ob Memorate oder Sagen wiedergegeben werden. Allgemein geht man ja davon aus, daß ein Bericht um so authentischer ist, je kürzer das Erlebnis zurückliegt. Vergeht lange Zeit zwischen Erlebnis und Wiedergabe, können sich sekundäre Faktoren auswirken. Dabei geht es nicht unbedingt um bewußte Verfälschung, sondern gewöhnlich um eine natürliche Verarbeitung des Erlebnisses, um nachträgliche Rationalisierung von Erfahrungen, beeinflußt von äußeren Umständen.

Es ist daher in der Religionspsychologie wichtig zu untersuchen, wie religiöse Erlebnisse erinnert werden. Villiam Grønbæk als Pionier auf diesem Gebiet hat sich u. a. damit in seiner Dissertation (1935) befaßt, in der er untersucht, wie religiöse Erlebnisse beschrieben werden. Er nimmt vier allgemeine Tendenzen beim Erzähler an: Erstens die Strukturierung der Erlebnismomente nach einem bestimmten Muster (Ordnungstendenz), zweitens das Bedürfnis nach Rationalisierung und Klarheit in der Erzählung (Intellektualisierungstendenz). Die dritte Tendenz könnte man als Neigung, das eigene Engagement zu verringern, bezeichnen. Viertens nennt Grønbæk die Neigung, das Resultat zu konstatieren, d. h. das Erlebnis in einen Sinnzusammenhang einzuordnen. Die Untersuchung dieser Rationalisierungstendenzen war für Grønbæk vorrangig, da er seine psychologischen Forschungen auf Protokollmaterial stützte, also auf schriftliche Aufzeichnungen im Anschluß an einen Stimulus, oft ein religiöses Erlebnis. Diese als experimentell bezeichnete Methode war innerhalb der Religionspsychologie charakteristisch für die sog. Dorpater Schule.

Thorleif Pettersson geht in seiner Dissertation (1975) auf ähnliche Probleme ein wie Grønbæk 40 Jahre zuvor. Pettersson untersucht experimentell, wie Erlebnisse in der Erinnerung verarbeitet werden. Er prüfte zunächst, wie Menschen sich bestimmte Gegenstände vorstellen, z. B. ein Kruzifix. Dann zeigte er ihnen solche Gegenstände, aber in äußerst ungewöhnlicher Form. Einige Zeit später untersuchte er, wie diese Gegenstände in der Erinnnerung aussehen. Dabei konnte Pettersson zeigen, daß die Erinnerung den Vorerwartungen an ein bestimmtes Phänomen entspricht: Ein aktuelles Erlebnis wird in das bereits vorhandene Muster eingefügt und somit verallgemeinert. Es gibt eine Neigung, die speziellen Züge eines Erlebnisses zu glätten und verschwinden zu lassen.

Besonders starke und einschneidende Erlebnisse behandelt Pettersson nicht. Bei der Untersuchung von Erlebnissen im Zusammenhang mit dem Zungenreden stellte ich fest, daß Personen in der Zeit, als die Pfingstbewegung nach Finnland gelangte, davon erzählten, daß sie bei bestimmten Gelegenheiten in Zungen zu reden begonnen hätten. Die Frage der Geistestaufe (vgl. Kap. „Beispiele für die Rollentheorie“) war damals theologisch nocht nicht geklärt. Später rationalisierte man dann das Erlebnis des Zungenredens als die genuine Erfahrung der Geistestaufe. Hier wurde also ein intensives Erlebnis mit der Ausweitung der kognitiven Mittel neu gedeutet. Ferner zeigte sich, daß die Formulierung solch durchschlagender Erlebnisse wie der Geistestaufe zunächst schwerfiel. Als dies später gelungen war, neigte man über mehrere Jahrzehnte hinweg dazu, diese Erlebnisse mit denselben Formulierungen wiederzuerzählen. Man kann von der Tendenz sprechen, die Erzählung von diesem Erlebnis nachzuerzählen, zumindest solange der Referenzrahmen derselbe ist und kein Bedürfnis nach einer völligen Umdeutung besteht.

Die Erforschung der Erinnerung und Wiedergabe religiöser Erlebnisse ist ein äußerst wichtiges Forschungsfeld, auf dem m. E. noch viel zu tun bleibt.

Formen des religiösen Erlebens

Wie gesagt, können religiöse Erlebnisse von sehr unterschiedlicher Art und Intensität sein. Der Überschaubarkeit halber hat man innerhalb der Religionspsychologie versucht, die Erlebnisse zu klassifizieren und für die Formen Schemata zu entwerfen. In Schweden hat sich u. a. Johan Unger in seiner Dissertation damit beschäftigt. Bevor ich jedoch auf sein Schema eingehe, soll dasjenige von Glock/Stark vorgestellt werden.

Charles Y. Glock und Rodney Stark (1965) sehen religiöse Erfahrung hauptsächlich als Interaktion mit etwas Übernatürlichen („some sense of contact with supernatural agency"; S. 41). Die Erfahrungen solcher Interaktionen ordnen sie in eine Wertskala ein, in der Intimität, Häufigkeit und Komplexität quantifiziert werden. Das Schema enthält vier Haupt- und einige Untergruppen:

Die erste Hauptgruppe sind die bekräftigenden (confirming) Erlebnisse. Diese treten am häufigsten auf und sind die am wenigsten intimen und komplizierten. Es gibt sie in zwei Typen: Zum ersten Typus gehört ein allgemeines Gefühl der Heiligkeit, z. B. in Gottesdiensten und heiligen Räumlichkeiten. Dieser Typus ist schwer zu definieren, wohl aber allgemein durch ein Gefühl der Gegenwart Gottes gekennzeichnet. Der zweite Typus ist spezieller und ist durch ein konkretes Bewußtsein der Gegenwart Gottes geprägt, z. B. durch die Aktivität von Priester oder Prediger, Gesang, Musik oder irgendein bestimmtes Wort.

Die zweite Hauptgruppe bezeichnen Glock und Stark als Erlebnisse der Gebetserhörung (responsive experience). Der Unterschied zu den Erlebnissen der ersten Gruppe ist, daß nicht nur die „Person jenseits" erfahren wird, sondern auch, daß sie dem Individuum ihre Aufmerksamkeit widmet und sein Gebet beantwortet. Glock/Stark unterscheiden drei Unterkategorien: 1. Erlösungserfahrungen, z. B. Bekehrung, 2. Wundererfahrungen (Mirakel), z. B. Heilungen, und 3. Erfahrungen von Bestrafung, z. B. das Gefühl der Verwerfung.

Die dritte Hauptgruppe sind die extatischen Erlebnisse. Sie umschließen die o. g. Gruppen, unterscheiden sich aber durch ihre höhere Intimität und Komplexität. Sie sind daher allgemein seltener.

Die vierte Hauptgruppe sind die Offenbarungen. Diese sind dadurch gekennzeichnet, daß das Göttliche sich des Individuums bemächtigt und ihm auf besondere Weise seinen Ratschluß und sein Handeln kundtut. Die Erlebnisse führen gewöhnlich zu prophetischen Äußerungen. Die Offenbarungen lassen sich nach drei Kriterien ordenen:

1. Orthodoxie – Heterodoxie (Entspricht die Offenbarung den sonstigen Glaubensnormen der betreffenden Gruppe?),
2. Erleuchtung – Auftrag (Information über künftige Ereignisse oder über das, was nun getan werden muß) und
3. persönlich-allgemein (Ist der Adressat ein Einzelner oder eine ganze Gruppe?).

Glock/Starks Schema basiert auf einer großen Menge von Daten, die in den USA gesammelt wurden. Religiöse Erlebnisse erwiesen sich dabei als keineswegs so ungewöhnlich, wie man manchmal meinen könnte. Oftmals sind sie von wesentlicher Bedeutung für den Betreffenden. Nicht bekannt ist, inwieweit die Häufigkeit des Auftretens von der Konfession (z. B. Katholiken, Orthodoxe, Lutheraner) abhängig ist. Darüber liegen einstweilen noch keine ausführlichen Darstellungen vor.

Unger (1976) behandelt religiöse Erlebnisse im Einklang mit Sundéns sog. Rollentheorie (s. nächster Abschnitt) vor allem als Wahrnehmungen. Er sieht weitgehende Parallelen zwischen religiösen Warhnehmungen und ästhetischen oder ethischen Ansichten. Anhand des gesammelten Materials gelangt er zu einer Einteilung der Gotteswahrnehmungen:

1. Gottes Gegenwart: Gott, Jesus o. ä. ist gegenwärtig und „mir zur Seite“.
2. Gottes Handeln: Göttliche Heilung, Rettung aus Gefahr usw.
3. Gottes Berufung: Gott beruft den Menschen zu einer neuen und besonderen Aufgabe.
4. Gottes Gestalt: Vision Christi und anderer zentraler Gestalten innerhalb der Religion.
5. Gott als Ganzheit: Gott wird eins mit der Natur und mit einem selbst; der Mensch fühlt sich umarmt, getragen, in Gottes unendlichem Raum oder in seinen Armen schwebend.

Sundéns Rollentheorie

Bei der Untersuchung religiöser Erlebnisse geht Sundéns Rollentheorie konsequent von der Bedeutsamkeit der heiligen Tradition und ihres Erlernens aus.

Er entwickelte seine Theorie in einer gewissen Polemik gegen die ältere deutsche Schule, die von den Gefühlen alle äußeren Attribute abschälen wollte, um zum Urrausch vorzudringen, der als Grundlage allen religösen Lebens galt. Ein Gefühl von Heiligkeit wurde gern als Fundament religiösen Erlebens gedacht (vgl. R. Otto). Sundén dagegen ist der Ansicht, daß religiöse Erfahrungen viel eher von den Erlebnissen her erklärt werden müssen, von denen in der heiligen Tradition die Rede ist. Man muß daher seiner Meinung nach analysieren, wie ein Einzelner die heilige Tradition rezipiert und konserviert hat, und wie er sie im Laufe des Lebens aktualisiert. Um dies zu beschreiben und zu erklären, übernahm Sundén Begriffe aus der Wahrnehmungs- und Lernpsychologie.

Etwas **wahrzunehmen** bedeutet, es zu registrieren, darauf aufmerksam und seiner bewußt zu werden. Die gebräuchlichsten Kanäle der Wahrnehmung sind unsere Sinnesorgane: Augen, Ohren, Nase, Mund und Tastsinn. Diese führen uns Informationen **(Stimulus, Reiz)** aus der Umwelt zu. Verschiedene Experimente haben gezeigt, daß die Sinnesorgane keineswegs alle Reize aus der Umgebung aufnehmen können. Im Grunde erreicht uns über die Sinnesorgane nur ein kleiner Teil der Informationsflut um uns herum. Hinzu kommt, daß wir nicht einmal alle Reize, die wir aufnehmen könnten, erfassen und uns bewußt machen. Im Auto auf einer Landstraße sehen wir nicht alles, was sich darbietet. Manche achten auf Verkehrsschilder, andere sehen Äcker und Böden, wieder andere achten auf die Wälder und deren Beschaffenheit. Unter den Informationen, die uns erreichen könnten, läuft in uns eine Auswahl ab, die von vielen inneren Faktoren abhängig ist.

Derjenige z. B., der vor allem auf die Verkehrsschilder achtet, ist offenbar der Fahrer, dessen Aufgabe das ist. Wir sprechen hier von einer Bereitschaft (bzw. Einstellung, Referenzrahmen) für eine bestimmte Art der Auswahl. Ist der Fahrer dagegen die Strecke oft gefahren, achtet er nicht in gleicher Weise wie beim ersten Mal auf die Verkehrsschilder: Er hat Routine und bestimmte Erwartungen, wie der Verkehr laufen soll. Die Einstellung ist m. a. W. verstärkt durch frühere Internalisierung, die in seiner Erinnerung, in seinem Nervensystem gespeichert ist. Mit Hilfe solcher gespeicherten Erfahrungen braucht man nicht mehr alles wie beim ersten Mal genau zu beachten, sondern das meiste ist Routine. Nur was vom Bekannten abweicht, erregt Aufmerksamkeit.

Die Auswahl der Information wird weiterhin von den Motiven beeinflußt (Motivation). Diese sind oft emotioanler Art: Wenn wir Hunger haben, ist die Bereitschaft zur Aufnahme von Information, die ihn reduziert, erhöht; sind wir durstig, nehmen wir leicht Stimuli wahr, die uns dazu verhelfen können, unseren Durst zu löschen.

Bei der Klassifizierung der Motive spricht man von organischen, d. h. angeborenen Motiven wie Hunger, Durst, Sexualität. Soziale Motive (z. B. das Aktivitätsmotiv, Kontakt-, Leistungs- und Machtbedürfnis) werden erlernt. Sie alle und viele andere erlernte Motive sowie ihre Kombinationen untereinander beeinflussen unsere Auswahl von Information und Wahrnehmung der Umgebung.

Es ist leicht zu zeigen, daß die Stimuli, die z. B. unser Sehorgan erreichen, von Fall zu Fall verschieden gedeutet werden. Es gibt eine Reihe doppeldeutiger Bilder, mit denen dies in der Psychologie illustriert wird. Die Doppeldeutigkeit resultiert aus der Vermischung bestimmter allgemeiner Gestaltungsgesetze, so daß der gewünschte Effekt entsteht. Zuweilen kann man in einem Bild ohne kognitive Hilfe (d. h. eine Beschreibung, was auf dem Bild zu sehen sein soll) keinen Sinn erkennen. Die Bedeutungsstrukturen müssen dann dem Menschen zuerst auf einer kognitiven (der sprachlichen) Ebene vermittelt werden, damit der Stimulus im Nervensystem zu einer verständlichen Ganzheit verarbeitet werden kann.

Auf diesen wahrnehmungspsychologischen Umstand greift Sundén in seiner Rollentheorie zurück. Um etwas wahrnehemen

Bild, auf dem zwei Frauen zu sehen sind.

zu können, muß zuerst die Bereitschaft dazu vorliegen, d. h. irgendeine Form vorausgegangener Verinnerlichung von Modellen, die uns helfen, komplizierte und vieldeutige Informationen zu strukturieren. Im entsprechenden Augenblick aktualisierte Motive beschleunigen den Deutungsprozeß und steuern dann in eine ganz bestimmte Richtung.

Von Bedeutung sind nach Sundén ferner die **Rollen.** Wie schon erwähnt, spricht man in der Sozialpsychologie von Rollen, d. h. Verhaltensmodellen, die wir in der sozialen Gemeinschaft erlernen und anwenden. Diese Rollen müssen nach Sundén nicht immer sozial vorgegeben sein: Ebensogut kann dies durch literarische, **mythische** Erzählungen geschehen. Wird in einer heiligen Erzählung vom Umgang des Individuums mit Gott berichtet, dient dieser Bericht als strukturierendes Rollenmuster, das in einer besonderen Situation übernommen werden kann, die eine bestimmte Erlebnisweise fördert. Das für die Religion Typische ist nach Sundén eine Interaktion zwischen Mensch und Gott bzw. anderen übernatürlichen Größen. Für diese Interaktionen besitzen die Religionen vorgeformte Modelle, die gewöhnlich in den heiligen Schriften aufgezeichnet sind. Es wird davon berichtet, wie Personen mit Gott umgegangen sind und wie Gott reagiert hat. Wenn ein Mensch in einer religiösen Tradition diese heiligen Erzählungen heranzieht, internalisiert er damit Modelle für den Umgang mit dem Übernatürlichen. Modelle und Rollen finden sich nicht nur für den menschlichen Part, sondern auch für Gott und das Übernatürliche. Die Handlungsweisen, die eine bestimmte religiöse Tradition Gott zuschreibt, sind also – psychologisch betrachtet – Gottes Rolle. Der Religion ist somit **Interaktion** eigen, der Umgang mit Gott nach vorgegebenen Rollen, die die jeweilige Tradition vorsieht. Es kann sich dabei außer um schriftliche auch um mündliche Tradition handeln. Eine Handlungsweise, die Gott in einer bestimmten Erzählung zugeschrieben wird, ist oft von besonderer Art, z. B. Gericht, Vergebung, Liebe. Durch Kombination mehrerer Erzählungen über Gottes Handeln entwickelt sich im Menschen sozusagen die verallgemeinerte Gottesrolle oder das Gottesbild.

Voraussetzung für religiöses Erleben ist also Sundéns Theorie zufolge die Verinnerlichung bestimmter Rollen sowohl für den Menschen als auch für Gott. Je besser eine religiöse Tradition internalisiert und eingeübt ist, desto wahrscheinlicher wird die Übernahme eines bestimmten Rollenverhaltens. Weiterhin ist für ein Erlebnis, wie gesagt, ein Anlaß notwendig, der oft darin besteht, daß die eigene Lage als heikel, angsterfüllt und schwierig empfunden wird und man daher bewußt oder unbewußt nach neuen Möglichkeiten sucht, um sich behaupten zu können.

Wenn Rollen aus der religiösen Tradition zur Hand sind und außerdem ein Anlaß für alternatives, nicht alltägliches Erleben besteht, kann eine bestimmte Rolle aus der heiligen Tradition aktualisiert werden: Jemand **übernimmt** den menschlichen Part in der Erzählung, wobei es oft Entsprechungen zwischen der eigenen Notlage und der Erzählung gibt. Dabei wird gleichzeitig – bewußt oder unbewußt – Gottes Rolle mit **aufgenommen.** Die in der Erzählung Gott zugeschriebene Handlungsweise wird aktualisiert und dient als Deutungsmuster für die Information, die nun das Individuum erreicht. Sie strukturiert also den Bereich der Wahrnehmung so, daß es zu einem speziellen Erlebnis kommt. Ergebnis ist dann ein religiöses Erlebnis mit emotionalen, verhaltensmäßigen und kognitiven Funktionen. Der Mensch erlebt die Wirklichkeit auf neue, nicht alltägliche Art und Weise. Im Grunde, meint Sundén, unterscheidet sich solch ein religiöses Erlebnis nicht von unseren alltäglichen Erfahrungen, sondern es geht immer um eine Auswahl von Information und ihre Verarbeitung in unserer Psyche nach vorgegebenen Modellen. Der Hauptunterschied ist lediglich, daß alltägliche Erfahrungen für uns Routine geworden sind.

Bei der Übernahme einer Rolle geht es aber nicht um eine sklavische Wiederholung des jeweiligen Rollenverhaltens. Die Modelle werden individuell variiert und vermischt, so daß jede einzelne Rollenübernahme spezielle Züge aufweist.

Ein religiöses Erlebnis ist oft kurz, d. h. die Intensivität läßt bald nach. Die Erinnerung daran bleibt natürlich und hat Konsequenzen für Verhalten und Denken. Den Übergang zu Alltäglichkeit und Profanität nennt Sundén **Phasenwechsel.** Es gibt m. a. W. komplementäre Deutungsmodelle für das, was wir als Wirklichkeit bezeichnen. Ein Beispiel aus meinem Material ist der Fall einer Frau, die in einer Winternacht Sternschnuppen erlebte. Sie hatte daran gezweifelt, daß es Gott überhaupt gebe. In ihrer Verzweiflung betete sie zu Gott, daß er eine Sternschnuppe senden möge, wenn sie am Abend hinausginge. Als sie hinauskam, sah sie nicht nur eine Sternschnuppe, sondern unzählige. Dies erlebte sie als starken Zuspruch Gottes: Er wandte sich ihr zu, und es gab ihn. Am folgenden Tag sah sie die Sache anders: Das war ja ganz natürlich, da die Erde sich gerade in einem Meteoritengürtel befand. Sie war also von einer religiösen zu einer mehr alltäglich-profanen Erlebnisweise übergegangen, wobei sie aber beide Deutungsmodelle beibehielt. Manchmal geht dies jedoch nicht, ohne daß die Modelle miteinander konkurrieren und sich gegenseitig auszulöschen drohen, und der Betreffende gerät möglicherweise in eine Krise. Dem Grund dafür nachzugehen ist sowohl philosophisch als auch psychologisch interessant. Die Fähigkeit, einander widerstreitende Erlebnisstrukturen auszuhalten, kann bei verschiedenen Menschen stark variieren.

Charakteristisch für religiöse Erlebnisse ist nach Sundén die Erfahrung von **Intention und Totalität.** Intention bedeutet, daß das Phänomen als willensmäßiges Handeln erfahren wird. Die Intention wird Gott zugeschrieben. Totalität meint die Erfahrung einer Ganzheit, z. B. einer einzigen, allumfassenden Liebe, im Augenblick des Erlebnisses. In diesem Moment sind also keine anderen Erlebnisweisen möglich. Alles scheint in ein gegebenes Ganzheitssystem eingeflochten, in den göttlichen Ratschluß oder in Gottes Willen mit dem Menschen.

Sundéns rollentheoretische Analyse ist von verschiedenen Wissenschaftlern, vor allem jedoch von seinen Schülern, angewendet worden. Thorvald Källstad z. B. hat sie auf John Wesley und seine Erlebnisse angewendet, Owe Wikström für die Erfahrung der Führung Gottes bei alten Menschen. Bei meiner Analyse der Erlebnisse von Geistestaufe und Zungenreden bei Pfingstlern habe auch ich die Sundénsche Theorie angewendet. Johan Unger hat in seiner Dissertation *On Religious Experience* (1976) die Theorie formalisiert. Jan van der Lans hat in den Niederlanden anhand der Theorie Erlebnisse im Zusammenhang mit Meditation untersucht. In den USA hat Donald Capps die Theorie zur Interpretation der religiösen Entwicklung John Henry Newmans und von Bittgebeten benutzt.

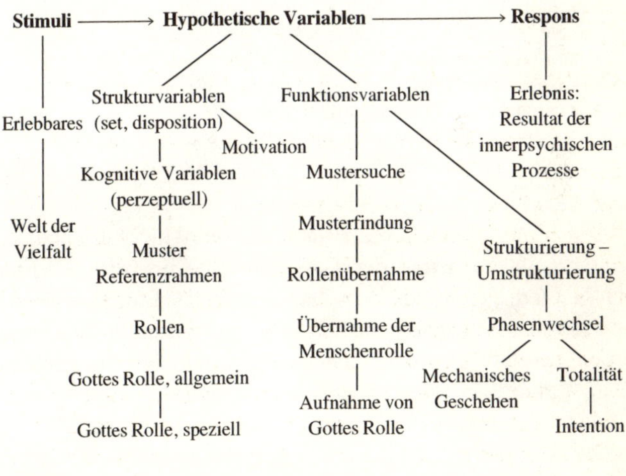

Beispiele für die Rollentheorie

Glossolalie: Das Beispiel Aina

In einer schwedischen Wochenzeitung berichtete Aina vor einigen Jahren folgendes:

In den 50er Jahren trat ich einer Pfingstgemeinde bei. Schon mehrere Monate hatte ich zu Gott gebetet, die Geistestaufe erleben zu dürfen. Eines Abends, als meine Familie schlief und nur ich noch wach lag, sah ich plötzlich einen starken Lichtschein bei der Tür. Erst erschrak ich und fragte mich, was das sein könnte. Da sah ich Jesus hereinkommen. Er hatte ein weißes Gewand an, das bis zu den Füßen reichte, mit einem großen roten Band um die eine Schulter. An den Füßen hatte er Sandalen. Die Haare waren braun und gingen bis zu den Schultern. Die ganze Gestalt strahlte Liebe aus. Er kam langsam ins Zimmer und näherte sich meinem Bett. Als er die Hand ausstreckte, um sie auf meine Brust zu legen, sah ich deutlich die Narbe von den Nägeln. Freude durchströmte mich. Er sprach eine weich klingende Sprache, die ich nicht verstand. Und er lächelte so unbeschreiblich schön. Dann ging er wieder zur Tür hinaus. In der Nacht schlief ich nicht, sondern lag nur da und fragte mich, was das alles zu bedeuten hätte. Am nächsten Abend war Gottesdienst in der Gemeinde. Erst wollte ich nicht gehen, weil ich fürchterliche Kopfschmerzen hatte. Aber am Ende ging ich doch. Während des Gebetes hatte ich das Gefühl, daß etwas geschehen würde, wenn ich jetzt betete. Noch nie vorher hatte ich bei einem dieser Treffen laut gebetet, aber nun stammelte ich ein kurzes Gebet. Gerade als ich aufhören wollte, passierte es: Ich begann eine Sprache zu sprechen, die ich noch nie gehört hatte. Ich versuchte aufzuhören, aber es ging nicht. Eines der Gemeindemitglieder hörte mich und sagte: „Nun bist du im Geist getauft." Dieses Ereignis war eine große Freude für mich und ein Segen für mein Leben.

Von zwei unterschiedlichen Erlebnissen wird hier berichtet: von der Christusvision und der Geistestaufe. Aina wartete offensichtlich auf die Geistestaufe. Diese ist in der Pfingstbewegung ein Erlebnis, nach dem man sich sehnt und das jeder haben muß, um ein erfülltes geistliches Leben führen zu können. Aina war m. a. W. motiviert für ein spezifisches religiöses Erlebnis.

Die Christusvision hatte Aina am Abend. Ob es irgendwelche reellen Reizmomente gab (z. B. Licht), die in Ainas Schlafzimmer eindrangen, läßt sich natürlich im nachhinein nicht feststellen. Es ist aber nicht auszuschließen, daß ein Lichtstrahl in den Raum drang, der dann allerdings als Christus erschien, den Aina sah und auch hörte. Jesus wird in für den Prostestanten überwiegend geläufigen Begriffen beschrieben, das Bild von Christus ist gängig. Höchstwahrscheinlich kennt Aina Christusmodelle u. a. aus der Bibel und diversen bildlichen Darstellungen, wie es sie in Kirchen, als Wandgemälde, als Glanzbilder und in Büchern gibt. Seit etwa hundert Jahren wird Jesus als guter Hirte mit fußlangem Gewand, oft mit Bart und langem Haar dargestellt. Jeder Protestant kennt wohl dieses Jesusmodell. In einer Vision wirkt das Modell gestaltend und ermöglicht dabei auch die Identifikation mit der Gestalt.

Beim Gebet am Tag danach tat Aina etwas, das sie nie zuvor getan hatte: Sie betete für alle hörbar, wobei die Vision wahrscheinlich dazu beitrug, daß sie den Mut aufbrachte. Das Gebet ging allmählich in Zungenrede über. Das von Aina langersehnte Erlebnis trat nun ein, und Aina konnte sich als im Geist getauft erleben. Ein Gemeindemitglied half ihr bei der Identifikation.

Ainas Erlebnis ähnelt sehr den von mir in meiner Dissertation analysierten Bandaufzeichnungen von mehreren hundert Zusammenkünften von Pfingstgemeinden (z. T. Interviews mit einigen Dutzend Pfingstlern). M. E. kann man von einer Rolle des im Geist Getauften sprechen, die auf die Bibel, v. a. auf Apg und 1. Kor zurückgeht, wo von Zungenreden und der Taufe im Heiligen Geist die Rede ist. Es gibt m. a. W. eine mythische Rolle für Erlebnisse dieser Art. Für fundamentalistische Christen, die die Erfahrungen des Urchristentums wieder zum Leben bringen wollen, erhält dieses Modell bzw. diese Rolle aus der Bibel entscheidende Bedeutung. Diese mythische Rolle kommt aber nicht nur als solche vor, sondern auch innerhalb des Gemeindemilieus als Sitz im Leben. Hier ist es nichts Ungewöhnliches, wenn Menschen als Zungenredner auftreten. Die mythische Rolle ist hier also sozial verankert, weswegen es für Neulinge leicht ist, die Modelle zu erlernen. Die Geistestaufe ist **das** große Ereignis für die Pfingstler. Gegenstand der Ausgießung des Heiligen Geistes zu werden ist das Entscheidende. Wann tritt diese Ausgießung ein?

Die meisten haben dieses Erlebnis im Zusammenhang des Übergangs zum Zungenreden. Wie kommt es dazu?

Nach Ansicht der Pfingstler ist das Zungenreden eine Gabe, die Gott den Menschen verleiht, sobald er es für richtig hält. Der Mensch soll darum beten und sie in Demut und Glauben entgegennehmen, wenn die Stunde gekommen ist. Wann ist dies der Fall?

Im Prinzip tauft Gott einen Menschen im Geist und läßt ihn in Zungen reden, wenn dieser darum gebetet hat. Viele Menschen müssen allerdings lange auf die Geistestaufe warten, manchmal sogar Jahrzehnte. Wir können sagen, daß jemand in Zungen zu reden beginnt, sobald die fördernden Faktoren gegenüber den hemmenden überwiegen. Zu den ersteren gehören Gottes Wille, ferner Fürbitte mit Handauflegung und Vermahnungen, die Gabe im Glauben zu empfangen. Ein Hindernis ist es, wenn man kein falsches Zungenreden will, d. h. ein vom Bösen oder vom Menschen selbst inspiriertes: Es soll echt sein. Der unterschiedliche Grad der Selbstkontrolle und der Hemmungen, sich etwas Neuem auszusetzen, sind hier ebenfalls zu erwähnen. Auch mit zunehmendem Alter scheint das Zungenreden schwerer zu fallen.

Für jeden einzelnen gibt es also jeweils eine optimale Situation für die Glossolalie. In zwei Dritteln der von mir untersuchten Fälle begann das Zungenreden während einer Fürbitte, oft mit Handauflegung einer führenden Person. Ein Drittel der Fälle ereignete sich in Einsamkeit, oft beim Schlafengehen, wobei die Entspannung zum Tagesende als fördernder Faktor in Frage kommt.

Wer die Theologie der Geistestaufe kennengelernt hat, entwickelt also bald die Erwartungsrolle des auf den Geist Harrenden. Ist dann die Situation optimal, geht man zur Verhaltensweise Glossolalie über. Dieser Reiz ist gleichsam der Schlüssel zur Rolle des im Geist Getauften. Wenn man sich selbst in Zungen reden hört und andere dies bezeugen, schlüpft man vollständig in die Rolle und nimmt gleichzeitig die Gottesrolle auf, von der ausgehend dann das Zungenreden als von Gott inspirierte Gnadengabe erfahren wird. Rein psychologisch ist das Zungenreden keineswegs unmöglich für den Menschen. Kinder und Jugendliche können leicht verschiedene Sprachen imitieren. Innerhalb des religiösen Bezugsrahmens darf es jedoch nicht allzu leicht fallen, da es dann nicht als langersehntes und von Gott inspiriertes Erlebnis erfahren wird. Das Erlebnis scheint um so stärker empfunden zu werden, je mehr der einzelne sich danach gesehnt hat. Zu leicht erlangtes Zungenreden führt offensichtlich zu Zweifeln an seiner Echtheit und göttlichen Inspiration. Der Glaube muß dann nachträglich gestärkt werden, z. B. durch erneute Erlebnisse und Echtheitsbestätigungen von Autoritätspersonen.

Wieder beim Beispiel Aina können wir nun feststellen, daß sie längere Zeit die Rolle der auf den Geist Harrenden gelebt hatte. Die nächtliche Vision und daß sie es wagte, im Gottesdienst zu beten, gestalteten die Situation für Aina optimal: Sie ging zum Verhalten der Glossolalie über. Dabei war das Gebetstreffen für sie der günstige Augenblick. Ihre Zungenrede, die das andere Gemeindemitglied bestätigte, wurde als Zeichen für die Geistestaufe gedeutet, wurde also zum äußeren Reiz, der die Rolle der im Geist Getauften für Aina zugänglich machte. Dem entsprach die Gottesrolle, die sie lehrte, daß Gott die Zungenrede bei der Geistausgießung verleiht. Indem also Aina die Gottesrolle übernahm und ihre gesamte Wahrnehmung gestalten ließ, erlebte sie das Zungenreden tatsächlich als eine Gabe von Gott. Die Rollenübernahme bewirkte auf emotionaler Ebene ein Freuden- und Segensgefühl.

Sundéns Rollentheorie beschreibt also das Erlebnis der Geistestaufe in erster Linie als Wahrnehmungsphänomen. Die Glossolalie selbst und ihr Auftreten müssen anders interpretiert werden. Bei meiner linguistischen Untersuchung der Glossolalie bin ich zu dem Schluß gelangt, daß das Zungenreden eine ziemlich normale menschliche Verhaltensweise ist. Kindern fällt dies leicht, aber Erwachsene haben infolge ihrer Sozialisation Hemmungen, sich einer „Abrakadabra"-Sprache zu bedienen, auch wenn die Fähigkeit dazu grundsätzlich vorhanden. ist. Nur in speziellen Situationen (Spiel mit Kindern, Jazz, Ekstase) lassen sich Erwachsene dazu herbei. Die Anwendung derartiger Sprachen ist in neuerer Zeit gerade für die Pfingstbewegung und seit einigen Jahrzehnten für die charismatische Bewegung typisch, wo sie Funktion und Form erhält. Funktionen sind die Erschließung der Rolle des im Geist Getauften und die spezielle Gebetssprache. Nach dem Erlebnis der Geistestaufe bedienen sich Pfingstler nämlich oftmals des Zungenredens im persönlichen Gebet. Es trägt dann auch – analog etwa zu Meditation und Kontemplation – zur Entspannung bei. Vor allem auf den Betroffenen wirkt sich das Zungenreden positiv aus.

Die Formen des Zungenredens sind selbstverständlich individuell verschieden. Meinen Untersuchungen zufolge basieren sie weitgehend auf der Muttersprache des Zungenredners, deren wesentliche Züge sich wiedererkennen lassen. Die Struktur ist jedoch vereinfacht und die Rede ihrem Aufbau nach oft eine Art Poesie mit vielen Alliterationen und Endreimen. Zuweilen werden jedoch Elemente aus fremden Sprachen entlehnt, und es ergibt sich in der Tat eine große Ähnlichkeit mit wirklich existierender Sprache. Eine genauere Analyse ergab jedoch, daß solche Glossolalie nicht in gewöhnlicher Weise verstehbar wird. Hat jemand eine solche Xenolalie verstanden, ist mit weiteren im Nervensystem des Hörenden begründeten Faktoren zu rechnen. Auch ergeben sich bei Glossolalien aus demselben geographischen Bereich große Übereinstimmungen. Das beruht wie gesagt z. T. auf der gemeinsamen muttersprachlichen Basis, aber auch darauf, daß man offenbar Zungenreden voneinander lernt. Es gibt sozusagen Dialekte des Zungenredens in der Pfingstbewegung und in der charismatischen Bewegung.

Volkskundliches Material

In der volkskundlichen Forschung versucht man, das volkstümliche Erzählungsmaterial gattungsmäßig zu ordnen. Gattungen sind z. B. Mythe, Märchen, Legende und Sage.

In letzter Zeit ist besonders das Memorat recht häufig untersucht worden. Dabei handelt es sich um eine Erzählung mit stark individuellen Zügen, die ein persönliches Erlebnis wiedergibt.

Das Memorat kann sich mit der Zeit verändern und in Erzählungen anderer Gattungen übergehen.

Bei der Behandlung des Memorats hat Lauri Honko untersucht, wie eine solche Erzählung entsteht. Seine Analyse weist Gemeinsamkeiten mit Sundéns Theorie auf, aber auch eine Reihe Unterschiede. Honko hat vor allem mit volkskundlichem Material aus dem finnisch-ugrischen Sprachbereich gearbeitet. Ich gebe hier kurz eine seiner Analysen wieder. Das supranormale Erlebnis beschreibt Honko folgendermaßen:

Abends geht ein Mann die Getreidedarre heizen. Er ist recht müde, da die Feuerung ununterbrochen mehrere Tage gedauert hat. Er ist allein für das Trocknen des Korns verantwortlich; er muß das Einlagern der Garben beaufsichtigen, für die rechte Temperatur sorgen und sich um die Lüftung kümmern. Natürlich darf der Ofen wegen der Brandgefahr nicht zu warm werden. Der Mann muß aufpassen, daß z. B. spielende Kinder nicht im Korn herumtreten oder Diebe das gedroschene Korn stehlen. Er will sich am Feuer einen Augenblick lang ausstrecken. Versehentlich schlummert er ein. Plötzlich hört er die Tennentür knarren und schaut hin: Dort steht ein alter Mann mit grauem Bart in weißem Gewand und sieht ihn mißbilligend an. Im gleichen Augenblick verschwindet die Erscheinung. Der Mann geht zur Tür; draußen im Schnee sind keine Spuren. Er schaut in den Ofen: Das Feuer ist am Erlöschen. Er legt Holz nach und geht gleich darauf zum Haus. Dort erzählt er den anderen von dem Ereignis. Sie denken darüber nach und erklären es sich so, daß der Geist zu dem kam, der für die Feuerung verantwortlich war, um ihn zu wecken, weil das Feuer am Erlöschen war.

Das Korn zu trocknen war eine wichtige Aufgabe für den Mann. Einzuschlafen und seine Pflichten zu vernachlässigen war verboten, Wachen eine wichtige Anforderung. Daß der Mann dennoch einschlief, führte für ihn zu einem Konflikt, deren Auslöser das Knarren der Tür war. Der Laut war ihm bekannt, aber nun erschien er ihm fremd und weckte ihn. Die schlechten Lichtverhältnisse (Abenddämmerung) unterstützten das Auftreten der Vision. Die Tradition lehrte den Mann, daß es Aufgabe des Geistes war, über den zu wachen, der seine Arbeit auf dem Hof tat. Es lagen also klare kognitive Modelle für eine supranormale Erfahrung vor. Die Bereitschaft zusammen mit dem Modell (der Rolle) löste die Vision aus. Er sah einen Mann mit grauem Bart, der ihn mißbilligend ansah. Im nächsten Moment war alles vorbei. Die Wahrnehmung ging wieder zu alltäglicheren Mustern über.

Honko betont in seiner Analyse, daß das, was der Mann sah, nicht klar kognitiv formuliert vorlag, bevor die anderen ihre Ansichten geäußert hatten und man sich gemeinsam eine Meinung über die Erscheinung gebildet hatte. Diffuse Erscheinungen ohne klare Bedeutung bezeichnet Honko als Numen. Spätere Reflexion erst identifiziert und benennt die Erscheinung. Dies geschieht normalerweise im Kontakt mit anderen Menschen, die die Deutung verifizieren und legitimieren.

Honko betont also das Diffuse in der Vision, wogegen nach Sundéns Rollentheorie die primäre Aufgabe des religiösen Erlebnisses die Strukturierung des Wahrnehmungsfeldes ist. Bei Christen herrscht selten Zweifel darüber, wem man in seinem Erlebnis begegnet. Die volkstümliche Tradition ist wahrscheinlich undifferenzierter und dient daher weniger direkt als sinnstiftende Rolle. In beiden Fällen ist jedoch die folgende Legitimierung im Kontakt mit Gleichgesinnten von großer Bedeutung für die Bewahrung des Erlebnisses und seine Geltung als sozial akzeptable Erfahrung.

Die Attributionstheorie

In den letzten Jahren hat besonders in der amerikanischen Religionspsychologie die Attributionstheorie für das Verständnis von Weltdeutung und Zustandekommen religiöser Erlebnisse bei Menschen Bedeutung erlangt. Die Attributionstheorie entstammt der Sozialpsychologie, zielt aber auf breitere Anwendung und wird so zu einer allgemeinen Theorie für Deutung und Strukturierung von Weltanschauungen. In ihrer Arbeit *The Psychology of Religion. An empirical Approach* bedienen sich die amerikanischen Wissenschaftler B. Spilka, R. W. Hood und R. L. Gorsuch konsequent dieser Theorie.

Sie gehen davon aus, daß der Mensch das grundsätzliche Bedürfnis hat, die Welt begreifbar zu machen und ihr Sinn zu verleihen und daher sein Leben auf unterschiedliche Art und Weise zur Umwelt in Beziehung setzt. Er legt sich ein Deutungsmodell zu, das Erlebnissen und Erfahrungen sinnvolle Deutungen zuordnet. So kann der Mensch sein Leben kontrollieren und ein Bild von sich selbst entwickeln, das in seinem Dienst funktioniert.

Angesichts der vielfältigen Lebensumstände werden Ereignisse bestimmten Ursachen zugeschrieben. Es werden also Deutungsmodelle attribuiert, um zu einer sinnvollen Ganzheit zu gelangen. Bei diesen Faktoren kann es sich um einen selbst handeln, um jemanden anderen, Gott, das Schicksal oder den Zufall. Bei eingehenderer religionspsychologischer Analyse ist die wesentliche und interessante Frage, zu welchem Modell man greift. Zu dessen Analyse gelten den drei Wissenschaftlern gemäß folgende Faktoren: Zunächst kommen die situationellen Faktoren oder die Beziehung des Menschen zu dem, was ihm in der Umwelt begegnet, darauf die dispositiven Faktoren, die mit den ganz persönlichen Voraussetzungen des Individuums zur Attribution zu tun haben. Die situationellen Faktoren können in zwei Gruppen unterteilt werden: Diejenigen, die mit dem unmittelbaren Zusammenhang zu tun haben, in dem jemand lebt, sowie diejenigen, die von den Faktoren des Geschehens selbst betroffen sind. Die kontextuellen Faktoren sind m. a. W. der soziale Zusammenhang und die „Plausibilitätsstrukturen“, die dort internalisiert werden. Wird also für Ereignisse einer bestimmten Art eine religiöse Deutung übernommen, ist die Wahrscheinlichkeit wesentlich größer, daß man auch künftig auf eine derartige Deutung zurückgreift. Die Ereignisfaktoren haben mit der Art des Geschehnisses zu tun, mit dem man konfrontiert wird. Hier wird in einem Auswahlprozeß das registriert und ernst genommen, was für einen selbst wichtig erscheint. Krankheit, Tod, Naturkatastrophen u. ä. werden z. B. sehr ernst genommen, wenn sie den Betreffenden in irgendeiner Weise berühren. Angesichts solcher Ereignisse sind religiöse Attributionen häufig.

Die dispositiven Faktoren lassen sich grob in drei Gruppen einteilen: Hintergrundfaktoren, kognitive Faktoren sowie Persönlichkeits- und Auffassungsfaktoren. Die Hintergrundfaktoren hängen natürlich mit der Erziehung zusammen, die kognitiven dagegen mit den sprachlichen Möglichkeiten, die das Individuum erworben hat und benutzt. Je öfter man in gewissen Kategorien denkt, desto öfter werden diese auch in verschiedenen Situationen aktualisiert. Ist man gewohnt, Gott gewisse Dinge zuzuschreiben, wird man auf diese Attribution in vielen verschiedenen Situationen zurückgreifen. Die Persönlichkeits- und Auffassungsfaktoren hängen mit grundlegenden Standpunkten zusammen, die man sich im Laufe des Lebens zugelegt hat. Es geht also um das Selbstbild, die Art und Weise, das eigene Ich gegen Bedrohungen zu schützen oder ihm Erfolge zuzurechnen. Personen mit geringer Selbstachtung werden so möglicherweise Mißerfolge anderen, Erfolge aber sich selbst zuschreiben. Hier haben wir es also mit grundlegenden Persönlichkeitsstrukturen zu tun, die von biologischen oder dynamischen Gegebenheiten herrühren. Innerhalb der amerikanischen Religionspsychologie bezeichnet man solche Strukturen bisweilen als religiöse Sentiments (s. das entsprechende Kapitel im Abschnitt über Religion und Persönlichkeitspsychologie).

Die Attributionstheorie versucht, die menschliche Lebensdeutung und Erlebniswelt in ihrer Gesamtheit zu betrachten und orientiert sich dabei an sozialpsychologischen und persönlichkeitspsychologischen Faktoren sowie an der Art der Situationen, in die der Mensch gerät. Zumindest hinsichtlich der sozialpsychologischen Aspekte gibt es sichtliche Gemeinsamkeiten mit Sundéns Rollentheorie. Die Attributionstheorie betont jedoch die kognitive Seite beim Menschen stärker sowie sein Bedürfnis, dem Erlebten einen Sinn zu verleihen. Sundén sieht hier mehr einen automatischen innerpsychischen Umstrukturierungsprozeß, wenn die Voraussetzungen dafür optimal sind. Ein systematischer Vergleich der Theorien mit Auswertung von Fallstudien wäre fruchtbar und wünschenswert.

Mystik

Was ist Mystik?

Die Erforschung von Mystik wird im 20. Jahrhundert recht intensiv betrieben. Schon die ersten Religionspsychologen wie William James und James H. Leuba befaßten sich damit; auch Hjalmar Sundén ist zu nennen, der wichtige Forschungsbeiträge auf diesem Gebiet geliefert hat. Im folgenden sollen weniger die Geschichte der Mystikforschung beschrieben oder einzelne Mystiker und deren Erfahrungen analysiert werden. Vielmehr soll es um eine kurze Darstellung der skandinavischen Mystikforschung und ihrer international bedeutsamen Beiträge gehen.

Mystik könnte man kurz als (Augenblicks-) Erlebnisse bezeichnen, in denen jemandem auf für ihn ungewöhnliche und besonders intensive Weise neue, vor allem religiöse Erkenntnisse und Erfahrungen mitgeteilt werden. Oft ist dies eine Erkenntnis vom „wahren Wesen" der Welt, von Gottes Wesen, ein Aufgehen im All, in Gott oder in dem, was die jeweilige religiöse Tradition als höchstes oder innerstes Prinzip des Seins benennt. Dazu einige Beispiele: Der indische Mystiker Ramakrishna besingt i. J. 1883 die blutdürstige Göttin Kali:

O Kali, meine Mutter,
voll der Glückseligkeit,
du tanzest in wirbelnder Freude
und klatschst in die Hände.

Du ewiger erster Urgrund
Form der Leere dein Kleid
den Monde trägst du auf der Stirne
du bist die Kraft, die in allem sich rührt.

Du die Erde,
du das Wasser,
in Lebens Wurzeln.

In mir, in jedem Wesen
bist du zu Haus.
Gehüllt in Form
bist du doch
formlose Wirklichkeit.

Die Göttin wird als „formlose Wirklichkeit“ bezeichnet, die ihren Ausdruck in verschiedenen Wesen findet, u. a. in Ramakrishna selbst. In typisch hinduistischer Weise wird die Göttin pantheistisch und in allem präsent aufgefaßt.

Der große muslimische Philosoph und Sufi al-Ghazzali schreibt Anfang des 12. Jahrhunderts:

Alles, was wir sehen und mit unseren Sinnen wahrnehmen, zeugt unstreitig von Allahs Existenz, seiner Macht, seiner Erkenntnis und seinen übrigen Eigenschaften, seien diese Dinge nun offenbar oder verborgen; Stein und Lehmklumpen, Kräuter und Bäume, die belebten Wesen, die Himmel, die Erde und die Sterne, das Festland und der Ozean, Feuer und Luft, Wesen und Zufall, ja wir selbst zeugen zuerst von ihm..., aber wie die Fledermaus nur nachts sehen kann, wenn die Dunkelheit das Licht verbirgt, nicht aber am Tage wegen der Schwachheit ihrer Augen, die vom vollen Sonnenlicht geblendet werden, so ist auch die Seele des Menschen zu schwach, um die Herrlichkeit der göttlichen Majestät in ihrer Fülle zu sehen ... Ein Sufi zu sein heißt ständig in Allah zu bleiben und mit den Menschen in Frieden zu leben: Wer in Allah bleibt und gegen die Menschen gerecht handelt und ihnen in untrüglicher Freundschaft begegnet, ist ein Sufi ... In Allah allein hat er Genüge.

Auch al-Ghazzalis Worte lassen erkennen, daß Gott in den geschaffenen Dingen gesehen werden kann. Pantheismus und Einheit mit Gott werden angedeutet.

In den 1920er Jahren schreibt der schwedische Schuhmacher und Mystiker Hjalmar Ekström:

Allem Leben zu geben, sogar Stock und Stein..., bedeutet eben, alle Dinge aus den festen Banden dieser Welt und des Naturzusammenhangs zu befreien, so daß z. B. Stock und Stein nicht länger Stock und Stein sind, sondern ihr inneres Heiligtum öffnen, aus dem dann das paradiesische Element aus seiner Gebundenheit freigemacht wird und aus seinem Tod in seiner ewigen Gestalt aufersteht... Das paradiesische Element... ist uns immer nahe, in jedem Atemzug, in der Erde, auf der ihr wandelt, in den Kreaturen auf der Erde, im Himmel, der sich über uns wölbt, und in jedem unserer Schritte, wenn der Christusblick all dies durchdringt, Gott in allem schauend... Mit anderen Worten: Wenn der Christusblick in uns die Welt betrachtet, alle Dinge, bis sie durchscheinend werden..., vergehen sie und werden zu nichts, aber das Göttliche tritt aus diesem Nichts hervor und wird dann vom Christusblick als das All geschaut.

Wie in den beiden Beispielen vorher erscheint das Göttliche – hier der Christusblick – in den geschaffenen Dingen. Das paradiesische Element ist in allem und soll vom geistlichen Menschen erkannt werden.

Ein weiteres Beispiel. An einem Tag im Januar 1946 hatte Ruth Dahlén in Dalsland (Schweden) eine Schöpfungsvision. Beim Skilaufen sah sie große Schneeflocken zur Erde fallen:

Ich betrachtete eine ungewöhnlich schöne Schneeflocke, die sacht auf einer Tannennadel gelandet war. Plötzlich geschah etwas mit der Tannennadel. Sie löste sich auf in flimmernden Wellen von Licht, einem Licht, unendlich stärker als das Licht der Sonne, aber trotzdem blendete es nicht. Die Lichtwellen schienen sich unglaublich schnell in einer Art Spiralform im Inneren der Tannennadel zu bewegen... Eine Nadel nach der anderen wurde von den flimmernden Lichtwellen entzündet, bald war die ganze Tanne ein einziger Feuerstoß. Einen Augenblick lang war ich fürchterlich erschrocken – war ich denn verrückt? Da hörte ich ganz deutlich eine Stimme von irgendwoher zu mir sprechen, keinen gewöhnlichen Menschen, aber doch eine Stimme, vollkommen klar und deutlich: „Fürchte dich nicht. Halte die Augen offen und achte genau auf das, was du sehen wirst!"

Weiter berichtet Ruth Dahlén, daß sie den Kosmos gleich einer „fünfdimensionalen Geometrie" funktionieren sah. Die fünfte Dimension war die Liebe, die sie als „innerstes Mysterium des Universums" bezeichnet. Sie konnte sich selbst als einen Strahl in einer Welt von Myriaden von Strahlen erkennen. Zu ihrer eigenen Verwunderung hörte sie sich sagen: „Ist dies das Einswerden mit dem All?"

Die genannten Erzählungen entstammen drei verschiedenen religiösen Umfeldern: Hinduismus, Islam und Christentum. Sie haben gemeinsam, daß der Mystiker die Welt auf eine für uns sonst ungewöhnliche Weise auffaßt. Was wir mit den Sinnen begreifen, ist für den Mystiker zugleich die Manifestation einer anderen Wirklichkeit, die er oft mit dem Göttlichen, der ewigen und übernatürlichen Weltordnung identifiziert. Ferner fühlt der Mystiker sich selbst als Teil dieses göttlichen Weltprinzips. Der Mensch kann eins werden mit dem All, in etwas Größerem, in der Gottheit aufgehen. Solche Erlebnisse sind typisch für die Mystik. Allerdings sind sich weder die Forscher und noch weniger die Mystiker selbst einig über das Ziel solcher Erlebnisse und den Weg dorthin. Im folgenden werden kurz einige religionspsychologische Forschungsbeiträge zur Problematik vorgestellt.

Kriterien für Mystik

Das wissenschaftliche Interesse für Mystik war zu Beginn des 20. Jahrhunderts sowie in den letzten drei Jahrzehnten besonders groß. Um die Jahrhundertwende war eine theologisch-philosophische Frage von besonderer Bedeutung: Inwiefern ist die Mystik als Weg zur Erkenntnis des innersten Wesens der Welt legitim? Mehrere der damals führenden Theologen und Wissenschaftler äußerten sich dazu.

Um die Jahrhundertwende stellte auch der kanadische Arzt Richard Maurice Bucke Kriterien für Mystik auf, bzw. für das kosmische Bewußtsein, wie er es nannte. In seinem Buch *Cosmic Consciousness* (1901), in dem Bucke optimistisch die geistige Entwicklung des Menschen behandelt, tritt als höchstes Stadium das kosmische Bewußtsein auf, das sehr positiv in acht Punkten beschrieben wird. Als charakteristisch nenne ich hier nur das Bewußtsein von Leben und Ordnung im Universum, von Erleuchtung, von moralischer Erhebung, Gefühl der Unsterblichkeit und Gegenwärtigkeit sowie Lichtphänomene. Buckes Beschreibung basiert weitgehend auf eigenen intensiven Erfahrungen.

In Schweden behandelte Nathan Söderblom die Mystik teilweise in Abgrenzung gegen die damalige rationalistische Theologie, die religiöse Emotionen nicht anerkannte. Söderblom unterscheidet zwei Hauptformen von Mystik, **Persönlichkeitsmystik** und **Unendlichkeitsmystik** (auch Naturmystik). In der Unendlichkeitsmystik ist der Kontakt zu Gott unpersönlich und kann als Erleuchtung oder Erkenntnis bezeichnet werden. In der Persönlichkeitsmystik dagegen trifft das Individuum auf einen persönlichen Gott, auf die göttliche Gerechtigkeit und auch Liebe. Offenbarungsreligion gehört zur Persönlichkeitsmystik und Naturreligion zur Unendlichkeitsmystik. Später spricht Söderblom von eingeübter und spontaner Mystik. Letztere falle im großen und ganzen mit der evangelischen Heilserfahrung zusammen.

In seiner epochemachenden Arbeit *Das Heilige* (1917) behandelt Rudolf Otto u. a. Mystik. Er will zeigen, daß der Mensch eine ursprüngliche, von sinnlichen Erfahrungen unabhängige Erlebnisaktivität besitzt. Im tiefsten Seelengrund nimmt der Mensch auf einer apriorischen Ebene Kontakt mit einem Objekt auf, das für ihn äußerst schwer zu definieren ist und das Furcht, zuweilen auch Faszination einflößt. Das Objekt ist ein Mysterium, das Otto als das Numinose bezeichnet. Es kann in verschiedenartigen Erlebnissen gespürt werden als Tremendum, Majestas und Faszinosum. Mit zunehmender Irrationalität erfolgt der Übergang zur Mystik. Diese ist daher nach Otto der Kontakt mit dem Numinosen in Reinkultur. Dazu führt Otto Beispiele aus dem Werk der großen Mystiker an. In seiner späteren Arbeit *West-Östliche Mystik* (1926) vergleicht er Shankaras Mystik mit der Meister Eckharts, wobei er aufzeigen will, daß die Manifestation des Numinosen in Hinduismus und Christentum, die sonst weit voneinander entfernt sind, zu gleichartigen erlebnismäßigen Resultaten führen.

In der amerikanischen Religionspsychologie der Jahrhundertwende war die Mystik ein beliebtes Thema und wird etwa von William James in *The Varieties of Religious Experience* (1902) eingehend behandelt. Er gibt vier Kennzeichen mystischen Bewußtseinszustandes an: **Unaussprechlichkeit, Erkenntnisvermittlung, momentaner Charakter** und **Passivität.** Die beiden letztgenannten seien weniger typisch als die ersteren. James führt etliche Beispiele für die Mystik an: Er spricht von mystischen Zuständen im Zusammenhang mit dem Gebrauch von Alkohol und Lachgas, befaßt sich also mit chemischer Mystik (s. u.), gibt aber auch viele Beispiele aus dem indischen, muslimischen und christlichen Umfeld.

Eine seiner Hauptfragen ist dabei das erkenntnistheoretische Problem. Er hebt hervor, daß die mystischen Zustände für die Mystiker selbst von absoluter Gültigkeit sind, für einen Außenstehenden aber selbstverständlich keine Autorität besitzen. Er sieht Mystik als einen Bewußtseinszustand für sich an, den der Rationalist eigentlich nicht erreicht und der andere Bereiche von Wahrheit eröffnet.

In seinem Werk *The Religious Consciousness* (1920) behandelt auch J. B. Pratt die Mystik und hebt das Gefühl der Gegenwärtigkeit als wichtig für mystische Erfahrungen hervor. Er unterscheidet eine milde und eine extreme Form der Mystik. Erstere sei recht gewöhnlich und finde sich bei allen normalen Individuen. Letztere dagegen sei intensiv, ziehe sofort die Aufmerksamkeit auf sich, und es sei nichts Ungewöhnliches, wenn sie mit pathologischen Zuständen in Verbindung gebracht werde.

J. H. Leuba hat 1925 in seiner Studie *The Psychology of Religious Mysticism* die Weltreligionen umfassend analysiert. Er behandelt die Erlebnisse anhand damaliger psychologischer und psychiatrischer Theorien und weist so auf Sexualität, Hysterie und allgemeine Neurasthenie als Ursachen mystischer Zustände hin. Leuba beurteilt die wissenschaftlichen Möglichkeiten, Religion und Mystik zu erklären, optimistisch und sagt daher deren Untergang voraus. Er wurde auf Grund dessen als Reduktionist bezeichnet.

Wie bereits gesagt, blühte die Mystikforschung in den drei vergangenen Jahrzehnten. Die Bedeutung von Drogen und Meditation sowie die Kriterien der Mystik sind diskutiert worden. Die Forschungsarbeit von W. T. Stace ist dabei von großer Bedeutung. Seine Arbeit *Mysticism and Philosophy* (1960) ist eine philosophisch-systematische Analyse verschiedener mystischer Erlebnisse. Stace unterscheidet zwei Hauptkategorien von Mystik: **extrovertierte** und **introvertierte** Mystik. Die introvertierte ist die genuine und typische Form der Mystik und nach Stace folgendermaßen gekennzeichnet:

1. Einheitsbewußtsein; das Eine, der leere Raum; reines Bewußtsein
2. Raum- und Zeitlosigkeit
3. Empfindung von Objektivität/Realität
4. Glückseligkeit, Friede usw.
5. Gefühl des Heiligen, Sakralen oder Göttlichen

6. Paradoxalität
7. Mystiker behaupten Unbeschreiblichkeit und Unaussprechlichkeit.

Diese Charakteristika sind später bei der Erforschung intensiver Erlebnisse angewandt worden. Ich komme darauf in einem gesonderten Abschnitt zurück.

Chemische Mystik

Die Drogenforschung wurde für die Mystikdiskussion besonders in den 50er und 60er Jahren bedeutsam. Als Droge bezeichnen wir eine chemische Substanz, die den Organismus auf psychischer Ebene beeinflußt. Dazu gehören verschiedene Medikamente und auch Narkotika wie Opium, Nikotin, Koffein und Amphetamin, Haschisch und LSD.

Die Diskussion um die chemische Mystik wurde durch Aldous Huxleys Werk *The Doors of Perception* in den 50er Jahren kräftig belebt. Er plädierte für mäßigen Gebrauch von Halluzinogenen in religiösem Zusammenhang: Diese sollten die Sinne für mystische Erlebnisse öffnen. Er selbst hatte Meskalin ausprobiert und setzte seine Rauscherlebnisse mit den Erfahrungen der klassischen Mystiker gleich. Huxley erntete heftigen Widerspruch, vor allem von R. A. Zaehner, der eine klare Linie zwischen pantheistischer und theistischer Mystik zieht. Die eigentliche Mystik ist seiner Ansicht nach immer theistisch, auf Gott gerichtet. So etwas kann seines Erachtens niemals durch Drogen erreicht werden. Theistische Mystik findet sich vor allem im Christentum.

W. N. Pahnke hat den Zusammenhang zwischen Mystik und Drogen experimentell untersucht. Für sein sog. Karfreitagsexperiment teilte er eine Anzahl von Theologiestudenten in zwei Gruppen ein und ließ die einen Psilocybin einnehmen, die anderen erhielten ein Placebopräparat. Die Versuchspersonen wußten jeweils nicht, wer welches Präparat erhielt („Doppel-Blink-Technik“), und nahmen dann an einem Karfreitagsgottesdienst teil. Danach unterzog Pahnke sie verschiedenen Tests zur Untersuchung ihrer Erlebnisse während des Gottesdienstes, wobei er auch Interviews machte.

Bei der Untersuchung der Berichte von den Erlebnissen während des Gottesdienstes zog Pahnke Staces Kriterien heran, die er bei denen, die Psilocybin eingenommen hatten, deutlicher erfüllt sah als bei denen, die das Placebopräparat erhalten hatten. Dieser Test kann daher als Beweis dafür dienen, daß Halluzinogene unter bestimmten Voraussetzungen Erlebnisse mit mystischem Einschlag hervorrufen können.

Walter H. Clark hat sich ebenfalls für das Verhältnis von Drogen und Mystik interessiert. In seinem Hauptwerk auf dem Gebiet, *Chemical Ecstasy* (1969), setzt er sich vorsichtig für maßvollen Gebrauch von Drogen für Therapiezwecke ein. Nach Clark kann man durch Drogen die nichtrationalen Funktionen beim Menschen beeinflussen und damit dem Individuum zu durchgreifenden religiösen Erlebnissen verhelfen, die für das weitere Leben richtungsweisend sein können. Seine These ist, daß in bestimmten Situationen bei bestimmten Personen unter fachkundiger Anleitung psychedelische Drogen sehr tiefgreifende mystisch-religiöse Erlebnisse hervorrufen können.

Es muß dabei betont werden, daß nicht etwa die Droge an sich die religiösen oder mystischen Erlebnisse hervorruft, sondern alles im Gesamtzusammenhang gesehen werden muß. Vor allem die psychischen Bedingungen, u. a. die religiösen Modelle und Rollen, sind zu beachten. In Pahnkes Experiment waren die Testpersonen ja Theologen, so daß wir sicherlich von einer hohen Bereitschaft für religiöse Erlebnisse ausgehen können. Außerdem waren die äußeren Bedingungen dafür günstig. Die Testpersonen befanden sich unter Aufsicht im Seitenraum einer Kirche. Die Voraussetzungen für erlebnismäßige Eskapaden waren also günstig, und in einer solchen Situation können Drogen auf die ohnehin vorhandene psychische Aktivität verstärkend wirken. Drogen, vor allem Alkohol, werden ja im religiösen Bereich seit Jahrtausenden verwendet.

Eine gänzlich andere Frage im Anschluß daran ist, ob das menschliche Nervensystem als solches in der Lage ist, im Zusammenhang intensiver Meditation u. ä. halluzinogene Drogen zu produzieren. Es gibt Untersuchungen, die möglicherweise darauf hindeuten, aber einstweilen handelt es sich um Vermutungen. Auch die Beteiligung der beiden Hirnhälften an mystischen Erlebnissen ist z. B. von Ahlberg andiskutiert worden, allerdings noch ohne sicheres Resultat

Intensive Erlebnisse

In den letzten Jahren interessieren sich die Mystikforscher immer mehr für die intensiven Erlebnisse durchschnittlicher Menschen. Die Frage ist, inwieweit ungewöhnliche Erlebnisse wie Gebetserhörung, Aufgehen in der Natur, Ichverlust usw. heute verbreitet sind. Diese Erlebnisse hat man mit denen der traditionellen Mystiker zu vergleichen gesucht.

Nach Abraham Maslow (USA) ist das Fehlen intensiver Erlebnisse ungewöhnlicher als ihr Auftreten. Er bezeichnet solche Erfahrungen als „peak experiences“, d. h. Spitzen- oder Maximalerlebnisse, und gibt eine Anzahl Kriterien dafür an. Kennzeichnend ist u. a., daß die Welt als Einheit erlebt wird, daß man den Eindruck hat, die höhere Erfahrung werde einem gleichsam von jemandem anderen mitgeteilt. Man neigt dazu, die äußeren Objekte zu erleben als getrennt von der normalen menschlichen Sphäre und als in sich selbst gültig, d. h. nicht durch etwas außer sich selbst legitmiert. Schließlich gehört dazu eine Veränderung des Zeit- und Raumbewußtseins. Maslows Kriterien weisen eine gewisse Ähnlichkeit mit denen von Stace auf.

In einer breiten Untersuchung in England haben David Hay und Ann Morisy herausgefunden, daß ein Drittel aller Erwachsenen angeben, von Kräften außerhalb ihrer alltäglichen Erfahrungswelt beeinflußt zu sein. Personen mit derartigen Erlebnissen gaben einen höheren Grad psychischen Wohlbefindens zu Protokoll. Bei einer ähnlichen Untersuchung in Kalifornien fand R. Wuthnow heraus, daß mindestens 50 % der Erwachsenen irgendeine Art von Maximalerlebnis gehabt hatten. Diese Erlebnisse sind ihm zufolge Zeichen eines verbreiteten Lebensstiles, der durch ein reflektierendes, auf das Innere gerichtetes Bewußtsein gekennzeichnet ist.

Auch der Amerikaner Ralph W. Hood bediente sich der Staceschen Kriterien. Er hat mehrere verschiedene Meßmethoden zur Erfassung intensiver Erlebnisse bei heutigen Menschen entwickelt. Er stellte z. B. aus einer Anzahl Zitaten aus William James' Buch *The Varieties of Religious Experience* einen Text zusammen. Die Testpersonen sollten dann anhand einer Bewertungsskala beurteilen, ob sie ähnliche Erlebnisse wie die geschilderten gehabt hatten. Diese Methode bezeichnete er als Religious Experience Episodes Measure (REM). Eine weitere Methode, mit der man versucht hat, Staces Kriterien zu verifizieren, ist die Mysticism-scale (M-scale). Die Testperson sollte anhand einer gegebenen Skala vorgegebenen Behauptungen zustimmen oder sie ablehnen. Daneben hat Hood auch Interviews und weitere Skalen benutzt, um verschiedene Typen von Religiosität auszumachen, z. B. Extrinsität und Intrinsität.

Hoods Resultat lautet zusammenfassend, daß heutige Menschen Behauptungen über mystische Erlebnisse zustimmen können. Intensive Erlebnisse kommen in zwei Haupttypen vor. Der erste ist religiös orientiert und wird daher als religiöse Mystik bezeichnet. Der andere, den Hood als allgemeinen Typus bezeichnet, ist möglicherweise bemerkenswerter, da hier normale Menschen Erlebnisse mit mystischem Einschlag haben, ohne diese direkt religiös oder christlich zu deuten. Dazu gehören gerade das Aufgehen in der Natur und der Ichverlust bei starker Identifikation mit einer Idealgruppe oder im Zusammenhang mit intensiven Kunsterlebnissen (Musik, Theater, Malerei).

In Finnland habe ich ebenfalls zwei Arten von Mystik beobachten können, die man als **religiösen** und **allgemeinen Mystikfaktor** bezeichnen könnte. Mit dem letztgenannten Begriff ist gemeint, daß durchschnittliche Skandinavier intensive Erlebnisse haben, die gewisse Gemeinsamkeiten mit Erfahrungen genuiner Mystiker aufweisen. Trotz der allgemeinen Säkularisierung und Distanz von Religion haben sie Erlebnisse, die man zu Recht als mystisch bezeichnen kann. Das Aufgehen in etwas Größerem, der Verlust des Ichs und des Zeit- und Raumbewußtseins sowie das Erhalten neuer Erkenntnisse finden sich also auch bei Personen wieder, die diese Erlebnisse nicht in erster Linie religiös deuten.

Physiologische Messungen

Bei der Untersuchung von Phänomenen im Zusammenhang mit intensiven Erlebnissen und meditativen Übungen hat man in letzter Zeit verschiedene neue Möglichkeiten der Registrierung. Dazu gehören die Elektroenzephalographie (EEG) zur Messung der Hirnaktivität, die Elektrokardiographie (EKG) zur Messung der Herzaktivität und die Elektrookulographie (EOG), die die Bewegungen der Augen festhält. Mit dem EEG z. B. werden Wellen aufgezeichnet, die als Wiedergabe der Hirnaktivität und Indikator für den Grad der Wachheit gedeutet werden. Nach der Frequenz der Wellenbewegungen unterscheidet man vier Hauptgrade: Die Beta-Aktivität (13–26 Hz) ist typisch für den aktiven Wachzustand, die Alpha-Aktivität (8–13 Hz) für den entspannten Wachzustand, wobei die Augen aber gewöhnlich geschlossen sind. Die Theta-Aktivität (4–8 HZ) bezeichnet Schläfrigkeit und Halbschlaf. Die Delta-Aktivität (1,5–5 Hz) schließlich deutet auf tiefen Schlaf. Diese Art der Registrierung ermöglicht also den Vergleich des Wachheitszustandes bei Meditierenden und Mystikern mit dem, was allgemein zu beobachten ist. Voraussetzung ist natürlich, daß der Betreffende damit einverstanden ist, da die Untersuchungen ja für die Konzentration störend sein können. Mit solchen Untersuchungen will man herausfinden, ob Jogis, Meditierende und Mystiker die gewöhnlich autonomen Körperfunktionen beeinflussen können. Die Jogis behaupten ja traditionell, die Herzaktivität stoppen, das Schmerzgefühl ausschalten, für gewisse Zeit lebendig begraben werden und völlige Ruhe erreichen zu können. Die Untersuchungen dazu sind zahlreich, und ich will hier nur erwähnen, daß sich die Herzaktivität durchaus nicht stoppen läßt, auch wenn es für die Sinne so wirken mag. Man kann sich auch nicht für längere Zeit lebendig begraben lassen. Dagegen können Jogis sehr wohl den Stoffwechsel drosseln und es längere Zeit ohne Essen und Trinken aushalten. Durch Übung läßt sich auch das Vermögen verbessern, Schmerz, Kälte und Wärme auszuhalten. Durch lange Meditation läßt sich auch ein Ruhezustand erreichen, in dem man nicht durch Lautreize beeinflußt wird, die das Gehirn sonst immer für das EEG erfaßbar registriert. Dieser Zustand erinnert also an tiefen Schlaf und tritt z. B. bei Zen-Mönchen auf.

Allgemein deuten die Forschungsresultate darauf hin, daß man durch Meditation Balance und Kraft für die Psyche erlangen kann, so daß man sich ruhiger und zu anstrengenden Aufgaben eher in der Lage fühlt. Bis zur Perfektion ist allerdings oft lange Übung notwendig. Inwiefern sich verschiedene Techniken in ihrer Wirkung unterscheiden, ist bislang weitgehend unbekannt. Die Praktiken für Gebet, Meditation, Kontemplation und innere Sammlung variieren zwischen den Religionen. Zu unterscheiden ist besonders zwischen körperlichen und geistigen Übungen.

Die Resultate der Meditationsforschung hängen eng mit dem sog. **Biofeedback** zusammen, bei dem jemand psychisch dazu trainiert wird, sonst völlig autonome Körperfunktionen wie Herzrhythmus, Blutdruck, Hirnaktivität usw. zu steuern. Man kann Menschen lehren, die Alpha-Aktivität ihres Gehirns aufrechtzuerhalten, indem diese mit Hilfe eines Apparats erfahren, wann ein Alpha-Rhythmus besteht. So läßt sich die eigene Hirnaktivität steuern, was man früher als unmöglich ansah. Diese Untersuchungen zeigen interessante Parallelen zu den Meditationsübungen und deuten auf die Fähigkeit des Organismus hin, die autonomen Funktionen zu beeinflussen. Besonders für die indische Mystik ist der Wille typisch, die körperlichen Funktionen zu beherrschen. Hier könnte ein Dialog zwischen östlichen und westlichen Befürwortern der Meditation ansetzen.

Kaj Björkqvist (Turku) ist einer derjenigen Forscher, die diese Probleme untersucht haben. In einer Studie maß er Hirnaktivität, Hautwiderstand und Augenbewegungen während des Betens bei Anhängern der Beterbewegung in Finnland. Dabei trat im Zustand der Meditation und des stillen Betens Alpha-Aktivität auf, also Zeichen der Entspannung. Beim lauten Beten trat sofort

Beta-Aktivität ein, typisch für konzentrierte Aktivität. Eine Frau benutzte auch Glossolalien als Betsprachen. Zu einer von ihnen (der „afrikanischen" Sprache) machte sie große, rollende Bewegungen mit den Augen. Björkqvist schloß daraus, daß meditatives Gebet zu Symptomen geistiger Entspannung führt. Lautes Beten leitete jedoch sofort Beta-Aktivität ein, was die Deutung der Gebetseffekte im Grunde erschwert. Hier sind weitere vorurteilsfreie Untersuchungen notwendig.

Der Zusammenhang von Psyche und Soma

In der westlichen (christlichen) Tradition hat man den Gegensatz zwischen Leib und Seele lange Zeit hindurch als grundlegend für den Menschen angesehen. Demnach funktioniert der Körper seinen biologischen und chemischen, die Seele ihren mehr geistigen Gesetzen gemäß. Diese streng physiologische Sicht des Körpers ist z. T. Voraussetzung der modernen Medizin. In der asiatischen, besonders in der indischen Tradition dagegen sieht man es seit langem als möglich an, die Funktionen des Körpers mit rein psychischen Mitteln zu beeinflussen, was zur Entwicklung von Joga, Meditation und Askese führte.

Erst in letzter Zeit ist im Westen eine ganzheitlichere Sichtweise diskussionsfähig geworden. Man ist sich heute mehr als noch vor einigen Jahrzehnten des Zusammenhangs zwischen körperlicher Gesundheit und psychischem Wohlbefinden bewußt. Schon Ende der 50er Jahre entfaltete Sundén in *Die Religion und die Rollen* ein Modell zum Verständnis des Zusammenhangs von Psyche und Soma (Körper). Aufbauend auf R. R. Grinker entwickelt er folgendes Modell: Der Mensch agiert auf fünf Ebenen. Die dritte, mittlere Ebene ist das Nervensystem, das die Aktivitäten auf den übrigen Ebenen koordiniert und zusammenbindet. Darunter folgen zunächst die Körperorgane wie Magen, Extremitäten usw. und schließlich die unterste Ebene, auf der die chemischen Enzym- und Hormonprozesse ablaufen. Auf dieser Ebene führen Drogen zu Veränderungen des Stoffwechsels. Oberhalb der mittleren Ebene folgen zunächst die sozialen Beziehungen, das Verhältnis zu unseren Mitmenschen. Darüber wiederum liegt sozusagen das Totalitätserlebnis, d. h. das Erlebnis von Einheit des Existierenden, von Integrität und Zusammengehörigkeit. Hier geht es ganz einfach um das Weltbild, die übergreifende Symbolwelt.

Das Modell basiert auf der Annahme, daß Einflüsse und Veränderungen auf einer dieser Ebenen Folgen für alle übrigen haben, nicht nur von unten nach oben, sondern auch von oben nach unten. Ersteres ist z. B. der Fall beim Gebrauch von Alkohol und Drogen, die den Körper auf der untersten, chemischen Ebene beeinflussen, aber auch für die Organe bedeutsam sind und schließlich für die sozialen Beziehungen bis hin zur Totalitätsauffassung. Der entgegengesetzte Prozeß bedeutet, daß Konflikte und Schwierigkeiten auf der Ganzheitsebene sich auf die sozialen Beziehungen und bis auf die körperlichen Funktionen hin auswirken.

Die Religion gehört zur obersten Ebene. In der heutigen pluralistischen Welt mit ihren zuweilen einander widerstreitenden Botschaften hat der Mensch gewissermaßen Probleme auf der Ganzheitsebene. Er hat es heute m. a. W. schwer, sich inmitten der Konkurrenz von verschiedensten religiösen, wissenschaftlichen und pseudowissenschaftlichen Theorien ein Ganzheitsbild zu verschaffen. Die Unfähigkeit, sich auf diesem höchsten (kognitiven) Niveau zu orientieren, kann daher bisweilen zu Verzweiflung und Entfremdung und damit weiter zu sozialen und körperlichen Störungen führen.

Sundén betont, daß die meisten frommen Menschen ihre Religion auch auf sozialer Ebene erleben. Sie entnehmen ihre Rollenmuster den Mythen und Riten in der sozial gegebenen Wirklichkeit. Mystiker dagegen geben sich damit nicht zufrieden, sondern wollen bedeutend mehr über Gott wissen. Sie streben nach einem totalen, allumfassenden Erlebnis, in dem Gott in allem erscheint, was ist. Etwas davon erfuhr im 16. Jahrhundert der spanische Mystiker Juan de la Cruz:

> Mein Freund der Berg,
> die waldgekleideten einsamen Täler,
> die fremden Inseln,

die rauschenden Ströme,
der verliebten Winde Geflüster.

Die stille Nacht,
in dem Augenblick, da die Morgenröte steigt,
die schweigende Musik,
die von Tönen gesättigte Stille,
das Mahl, das erweckt und Liebe gibt.

Diese Worte kommentiert Juan de la Cruz folgendermaßen: „Ist die Seele vereint mit Gott, fühlt sie, daß Gott alle Dinge in einem einzigen Wesen ist." Das Erlebnis der Totalität – typisch für alle Mystik und vielleicht für intensive Erlebnisse überhaupt – ist damit eingetreten.

Mit dem beschriebenen Modell will man auch die sog. Streßerkrankungen erfassen, organische Störungen psychischen Ursprungs, psychosomatische Krankheiten. Soziale Streßfaktoren, z. B. am Arbeitsplatz oder im Umgang mit Menschen, führen mit der Zeit zu Störungen der organischen Funktionen und verursachen Kopfschmerzen, Magengeschwüre, Asthma usw. Manchmal sind diese Störungen der einzige Ausweg aus einer sozialen und psychischen Belastungssituation. Heilung auf der Ebene der sozialen Beziehungen – z. B. im Verhältnis zu Eltern, Freunden, Ehepartner und Kindern – kann dann auch die körperliche Gesundheit verbessern. Hier werden mitunter Fürbitte und Gesundbeten als Lösungswege beschritten. Methoden dieser Art gehen also das Problem auf der Ebene der Ganzheit und der sozialen Beziehungen an.

Hier sind nun Owe Wikströms Untersuchungen über das Verhältnis von Hypnose (diese hängt eng zusammen mit dem **Symboldrama**) und Religion erwähnenswert. Er stellt mehrere Modelle zum Verständnis von Besessenheit und Hypnose vor und knüpft an die »Mental Imagery« an, eine Methode, bei der bewußt Vorstellungen bei Personen induziert werden. Es geht also um eine Suggestionsmethode, bei der die Psyche symboldramatisch beeinflußt werden soll. Die Theorien wurden an einer Anzahl von Studenten ausprobiert, wobei diese dann unter einer bestimmten Art von Suggestion die gewünschten Bilder und Erlebnisse produzierten. Ferner analysierte Wikström populäre Methoden des Gesundbetens. Unter diesen sind D. Basham und Ruth Carter-Stapleton zu erwähnen, die beide in populärwissenschaftlichen Büchern Methoden zur Beeinflussung der eigenen Psyche und der ganzen Persönlichkeit verbreitet hatten. Es gibt m. a. W. Übereinstimmungen zwischen Symboldrama und dem „Prayer-Conselling“ bei Carter-Stapleton. Auch zwischen Bashams Ratschlägen über Befreiung von Besessenheit und Hypnosetheorie gibt es Entsprechungen. In den populärtheologischen Varianten sind jedoch die Kontrollmöglichkeiten für erfahrene Personen minimal. Die Untersuchung zeigt, wie eng Psyche und Soma aneinander gebunden sind und wie dies auf religiösem Gebiet genutzt und zuweilen auch mißbraucht wird.

Automatisierung – Deautomatisierung

Arthur Deikman hat, ausgehend von lerntheoretischen Erwägungen, ein Modell zum Verständnis der ungewöhnlichen mystischen Erlebnisse entwickelt. Bekanntlich erlernt man in seiner Kindheit verschiedenste Fertigkeiten, wie z. B. Gehen, Radfahren, evtl. Klavierspielen usw. Diese Dinge fallen anfangs schwer, werden aber mit der Zeit leichter, bis sie schließlich keinerlei Aufmerksamkeit mehr erfordern und automatisch funktionieren. Die Automatisierung ist also ein wichtiger Lernprozeß im menschlichen Nervensystem. Dadurch kann die Aufmerksamkeit ständig neuen Aufgaben gewidmet werden, und die Leistungskapazität wächst.

Deautomatisierung als das Gegenteil dessen ist das effektive Stören bereits eingeübter Abläufe. Deikman ließ in einem seiner Experimente die Testpersonen einen Gegenstand lange Zeit betrachten und beobachtete dann in ihren Berichten Anzeichen veränderter Erlebnisqualitäten hinsichtlich der optischen Erlebnisse, der Intensität und der Bewegung. Bei längerer Betrachtung einer Vase z. B. veränderte sich deren Form, das visuelle Erleben wurde intensiver, und die Vase schien sich zu bewegen. Derartige Veränderungen fand Deikman in den Erzählungen erfahrener Mystiker wieder. Deautomatisierung bedeutet also, daß gewöhnlich gut eingeübte Wahrnehmungsmodelle einer Belastung ausgesetzt werden, so daß das Nervensystem sich anderer Deutungsstrukturen bedienen muß. In gewissem Sinn kommen ursprünglichere Erlebnisformen hinzu, und auch eine Überschneidung zwischen verschiedenen Sinnesorganen geschieht leichter: Optische und akustische Erlebnisse harmonieren besser miteinander. Die Ursprünglichkeit der Erlebnisse bedeutet also, daß sie vom Individuum stärker, gründlicher und subjektiv als wirklich erfahren werden.

Später spricht Deikman von bimodalem Bewußtsein, d. h. der Mensch besitzt zwei kognitive Rahmen, einen **aktiven** und einen **rezeptiven**. Mit dem aktiven werden Reize aus der Umgebung bearbeitet, wobei das sympathische Nervensystem dominiert und das EEG Beta-Aktivität, also Wachheit und Aktivität, anzeigt. Der rezeptive Rahmen dagegen ist eher zuständig für das Entgegennehmen von Reizen aus der Umgebung, und die Sinne zeigen mehr Aktivität als die Muskeln. Das parasympathische Nervensystem dominiert, das EEG zeigt Alpha- oder Theta-Aktivität. Die Reizaufnahme während der Meditation erfolgt also eher rezeptiv.

Deikman differenziert auch zwischen drei verschiedenen mystischen Zuständen, die er als „**untrained-sensate**", „**trained-sensate**" und „**trained-transcendent**" bezeichnet. Der erste Typus umfaßt Erlebnisse bei Personen, die normalerweise nicht beten, meditieren oder ähnlichen Übungen nachgehen. Der zweite Typus umfaßt Erlebnisse als Resultat bewußter Übung, und der dritte Typus schließlich umfaßt Erlebnisse, wie sie die großen Mystiker haben und die Resultat intensiver Übung sind.

Sundén knüpft an das Muster von Automatisierung – Deautomatisierung an. Seiner Ansicht nach werden durch Fasten, Flagellation, Atemregulierung, bestimmte Sitzstellungen und zuweilen auch bestimmte Körperbewegungen automatische Abläufe im Nervensystem effektiv gestört. Isoliert und ohne Kontakt zu Menschen zu leben, ohne sexuelles Stimulans, vielleicht auch ohne genügend Nahrung, beeinflußt ebenfalls die automatisierten Wahrnehmungs- und Handlungsmodelle. Diese Beraubung von Stimuli ist also eine Art sensorischer Deprivation, eine

Blockierung der Zufuhr von Reizen für die Sinnesorgane. Mehrere psychologische Experimente haben gezeigt, daß der Mensch einen einigermaßen regelmäßigen Zufluß von Stimuli benötigt. Bricht dieser ab, beginnt das Nervensystem selbst Reize zu produzieren, was zu Unbehagen und weiter zu Halluzinationen und allgemein zu Wahnvorstellungen führen kann.

Sundén verwendet jedoch auch den Begriff der Automatisierung und weist darauf hin, daß Bibellese, Gebet und Meditation auch bestimmte Denkstrukturen trainieren können, die in besonderen Situationen religiöse Deutungen erleichtern können. Bewußte Übung kann also Modelle und Rollensysteme bereitstellen, die in einer Situation angewendet werden können, in der eine alternative Form des Erlebens gefördert wird und durchführbar ist. Dies stimmt somit weitgehend mit dem oben über Sundéns Rollentheorie Gesagten überein.

Der Niederländer Jan van der Lans hat die Bedeutung der religiösen Rollen und Modelle für meditative Erlebnisse experimentell untersucht. Seiner Ansicht nach hat Deikman die Bedeutung des religiösen Referenzsytems nicht genügend beachtet. Im Anschluß an Sundén meint er, daß die aus der Deautomatisierung resultierenden Erfahrungen sich je nach Art der vorher internalisierten Rollen und Modelle voneinander unterscheiden. Nach van der Lans ist daher Sundéns Rollentheorie mit den Effekten des Deautomatisierungsprozesses zu kombinieren. Nicht alle automatisierten Prozesse hören also unter An- und Entspannung auf, sondern für die Wahrnehmung grundlegende Strukturen bleiben in jedem Fall erhalten. Diese sind von entscheidender Bedeutung für die Effekte der Meditation.

Antoon Geels (Lund) knüpft an Deikmans Typologie an. Er ist der Meinung, daß Deikman den „untrained-transcendent"-Typus übersehen hat. Transzendente Erlebnisse könnten also auch sporadisch oder spontan auftreten. Er meint weiter, daß dieser Typus dem nahekommt, was Zaehner als pantheistische Mystik bezeichnet hat. Geels schlägt eine gewisse Revision der Typologie vor und führt das Begriffspaar „strukturiert – unstrukturiert" ein. In ein Koordinatenkreuz lassen sich dann verschiedenste mystische Erlebnisse einordnen. In seinen Untersuchungen zur Mystik ist es Geels auch wichtig, an die Erforschung der Kreativität anzuknüpfen: Von Forschern wie S. Arieti, D. Rapaport, A. Maslow und U. Neisser ist seiner Meinung nach viel zu lernen. Geels wird diese Untersuchungen in einer späteren Studie weiterführen.

Ich nenne hier auch eine Theorie, die I. P. Pavlovs Untersuchungen zum Lernverhalten bei Hunden aus dem Beginn des Jahrhunderts entstammt. In der Psychologie geht man davon aus, daß ein Lebewesen Stimuli bis hin zu einer bestimmten Grenze aufnehmen und verarbeiten kann. Wird diese überschritten, können die Sinne nicht mehr adäquat reagieren. Pavlov fand heraus, daß seine Hunde sich völlig neuer Auffassungsmodelle bedienen, sobald sie über das hinaus stimuliert werden, was die Sinne aufnehmen können. Das erste der darauf eintretenden Stadien nennt er die **äquivalente Phase**. Das Gehirn reagiert unabhängig von der Intensität der Stimuli. Es folgt eine **paradoxale Phase**, in der das Nervensystem auf schwache Stimuli stärker reagiert als auf starke, also eine Art Umkehrung. Darauf folgt eine **ultraparadoxale Phase**, in der internalisierte Verhaltensmuster völlig ausradiert werden und das Positive zum Negativen verwandelt wird und umgekehrt. Diese Theorie hat Sundén verwendet, um zu verstehen, wie mystische Erlebnisse unter äußerst starker Belastung zustande kommen. Er geht davon aus, daß die **Koan**-Methode der Zen-Pädagogik und das darauf folgende **Satori**-Erlebnis von einer Theorie über solche übermäßige Belastung her verstanden werden können. Die Koan-Methode zielt darauf ab, den Schüler über eine längere Zeit hinweg mit scheinbar unlösbaren Rätseln und Problemen starkem Streß auszusetzen, bis eine Art Grenzübergang eintritt: das Satori-Erlebnis.

4. Religion und Entwicklungspsychologie

Einleitung

Die Entwicklungspsychologie befaßte sich früher mit dem Reifeprozeß des Einzelnen bis zum Erwachsenenalter. Heutzutage umfaßt sie alle Veränderungen, die der Einzelne vom Beginn der Schwangerschaft bis zum Tod durchmacht. Damit umgreift sie also das gesamte Leben, auch wenn der Schwerpunkt auf den Wachstumsjahren liegt.

Das menschliche Leben läßt sich grob in folgende Stadien einteilen: 1. Die pränatale Periode (Entwicklung in der Gebärmutter), 2. vom Säuglingsalter bis zum zweiten Lebensjahr, 3. frühe Kindheit, 2.–6. Lebensjahr, 4. spätere Kindheit, ca. 7.–13. Lebensjahr, 5. Pubertät und Adoleszenz, ca. 13.–18. Lebensjahr, 6. frühes Erwachsenenalter, ca. 18.–40. Lebensjahr, 7. Erwachsenenalter, 40.–65. Lebensjahr und 8. reifes Erwachsenenalter, vom 65. Lebensjahr an bis zum Tod. Dies ist eine ungefähre Abgrenzung, die individuell variieren kann, abhängig von biologischen und sozialen Faktoren.

Der Mensch verändert sich während seines Lebens auf unterschiedlichen Ebenen: physiologisch (Entwicklung und schließlich „Verschleiß“ der Organe), kognitiv (sehr bezeichnend für den Menschen) und auch sozial (entscheidend für den Reifeprozeß des Einzelnen). Die Entwicklung des Menschen während seines Lebens hängt von unterschiedlichen Faktoren ab. Von entscheidender Bedeutung sind zunächst – rein biologisch – die Erbanlagen.

Aber Entwicklung und Reife hängen auch zu einem großen Teil vom Milieu ab, also dem, was man sich in seiner in-group aneignet. Untersuchungen haben z. B. gezeigt, daß die kognitive Reife weitgehend (bis zu 75 %) genetisch und im übrigen sozial bedingt ist, wobei natürlich letztlich eine ganze Reihe von Faktoren im Spiel ist.

Über den genetischen Einfluß auf Religion läßt sich schwer

etwas sagen. Früher sprach man gern von einem religiösen Bedürfnis oder einer religiösen Anlage beim Menschen, was natürlich schwer zu definieren ist, wenn man nicht allgemein vom generellen Bedürfnis des Menschen sprechen will, etwas zu idealisieren, etwas oder jemanden anzubeten. Solch eine Suche nach Sinnerfüllung ist durchaus kennzeichnend für den Menschen. Er benötigt Deutungssysteme für sein Leben in der Welt und für positive und negative Konfrontationen mit den Bedingungen der Existenz. Besonders die kognitive und soziale Entwicklung sind entscheidend für das individuelle religiöse Verhalten.

Stadien religiöser Reife

Früher versuchte man in der Religionspsychologie, die religiöse Entwicklung des Kindes systematisch zu beschreiben. Die Religionsauffassung folgte demnach gewissen vorgegebenen, in gewissem Maß genetisch bedingten bedingten Entwicklungsstadien. Heute hat man dagegen erkannt, daß weitgehend soziale Faktoren verantwortlich dafür sind, also was und wie das Kind sich aneignet. Eine andere Frage ist, von welchem kognitiven Reifestadium an die internalisierten religiösen Inhalte voll ausgeschöpft werden können. Bevor wir dazu kommen, nun erst zu einigen älteren Forschungsbeiträgen zur religiösen Reife:

Ernest Harms präsentierte 1944 seine Forschungsresultate über die Gottesvorstellungen bei Kindern. Er hatte Kinder zwischen drei Jahren und dem Pubertätsalter Bilder zeichnen lassen, wie diese sich Gott vorstellten. Dabei ergaben sich drei Stadien. Das erste nannte Harms das **Märchenstadium:** Im Alter zwischen drei und sechs Jahren dominieren Phantasie und Emotionen gegenüber rationalen und intellektuellen Vorstellungen. Die tiefen emotionalen Erlebnisse schlagen sich hier nieder, und das Kind unterscheidet nicht zwischen Märchen und religiösen Erzählungen.

Es folgt das **realistische** Stadium (ca. 7.–10. Lebensjahr). Die Gottesvorstellung wird realistischer, und von Schule und anderen Einrichtungen bereitgestellte Modelle und Vorstellungen werden übernommen. Gott wird gern als Pfarrer abgebildet, und wichtige religiöse Symbole wie Kreuz, Stern, Lamm usw. finden sich auf den Bildern.

Das dritte Stadium nennt Harms das **individuelle** (ca. 11. Lebensjahr bis zum Beginn der Pubertät). Kennzeichnend sind größere Variation und Individualität. Viele Kinder bilden Gott jedoch fortwährend in konventionellen Formen ab, während andere Originalität und sogar fortgeschrittenes Abstraktionsvermögen zeigen. Harms' Untersuchungen haben weite Verbreitung gefunden und werden häufig für Beiträge auf dem Gebiet Kind und Religion herangezogen.

Ein weiteres Schema stammt von Werner Gruehn. Es basiert auf deutschen Untersuchungen vor allem aus der Zeit zwischen den Kriegen. Nach ihm ist es schwer, sich überhaupt eine Vorstellung von der Religion der Kinder während der ersten 18 Monate zu bilden. Erst ab diesem Alter gibt es erste Ansätze zu Gebet bei den Kindern. Die folgende Stufe (2.–4. Lebensjahr) nennt Gruehn die **vormagische**. Bei entsprechender Unterweisung entfaltet das Kind nun ein wirkliches Gebetsleben, wobei aber für die Gebete sehr konkrete und für das Kind wirklichkeitsnahe Anliegen typisch sind.

Es folgt nach Gruehn die magische Stufe (4.–7. Lebensjahr). Gott ist oft eine Art Zauberer, und das Kind neigt dazu, das Gebet als eine Art Beschwörungsformel zu gebrauchen, mit der es sich Vorteile verschaffen kann.

Im nächsten Stadium (Alter ca. 7–15 Jahre) ist die Frömmigkeit autoritativ und logisch. Das Kind denkt gern in den Gegensätzen gemein – nett, böse – gut und unrecht – recht. Nach der Pubertät entwickelt sich bei entsprechend guten Voraussetzungen ein nuanciertes religiöses Leben.

Der Franzose Jean-Paul Deconchy hat anhand einer semantischen Differentialtechnik zur Untersuchung des kindlichen Gottesbildes herausgefunden, daß Kinder sich mit etwa neun bis zehn Jahren vor allem an verschiedenen Attributen orientieren, wie sie z. B. der Katechismus für Gott gebraucht (Größe, Allwissenheit, Gerechtigkeit, Allgegenwart). Diese sog. Phase der Attribute wird abgelöst durch die Phase der Personalisierung

(12–14 Jahre). Die Attribute gehen in Begriffe wie Herr, Heiland, Vater über. Während der nachfolgenden Phase der Verinnerlichung wird Gott mit Worten wie Liebe, Gebet, Gehorsam, Zweifel und Furcht assoziiert. Der Gottesbegriff wird m. a. W. verinnerlicht.

Traditionsvermittlung

Bevor wir zum Verhältnis von kognitiver Entwicklung und Religion kommen, einiges zur Bedeutung der Traditionsvermittlung für die religiöse Entwicklung.

Sundén befaßt sich mit Inhalt und Form der Traditionsvermittlung. Im Zusammenhang mit seinem rollenpsychologischen Verständnis religiöser Erlebnisse ist der Inhalt der Traditionsvermittlung zentral. Hier dagegen ist nun die Art und Weise wesentlich.

Sundén unterscheidet drei Typen von Traditionsvermittlern. Den ersten und in der westlichen Gesellschaft heute vielleicht häufigsten nennt er **unsichere** Vermittler. Sie haben ein undifferenziertes, evtl. ängstliches Verhältnis zu Kirche und Religion überhaupt. Wenn sie Religion vermitteln, sind Zufälligkeit und Inkonsequenz prägend. Beim Kind kann das zu unschlüssiger und skeptischer Einstellung zu Religion führen, zuweilen direkt zu Beschimpfung und Abneigung.

Die idealen Vermittler nennt Sundén **sicher.** Ihre Haltung zur Religion ist konsequent, die Erziehung geschieht vor allem durch gutes Beispiel. Sie schaffen ein positives Verhältnis zu religiösen Fragen, ohne den Kindern ihre Ansichten aufzuzwingen. Es bestehen also gute Voraussetzungen für das Erlernen von Modellen.

Der dritte Typus sind die **allzu sicheren** Traditionsvermittler. Diese sind autoritär und hemmen die Vermittlung der kognitiven und emotionalen religiösen Inhalte. Die elterliche Autorität wird hier nie in Frage gestellt. Der Wille des Vaters und der Mutter verschmelzen mit Gottes Willen. Die allzu sicheren Erzieher neigen dazu, das Kind in seiner Vorstellungswelt zu bevormunden und behindern so das selbständige Heranreifen. Nicht selten wird das Kind zum „Kindeskind Gottes“: Die religiöse Entwicklung wurde von den Eltern durch übereifriges Einmischen in seine Erziehung und geistliches Wohlergehen behindert (s. dazu unten in Abschnitt 6).

Die Personen, die die Inhalte vermitteln, beeinflussen auch leicht mit ihrer Persönlichkeit die Gottesvorstellungen. Was hier vorgeht, bezeichnet man gewöhnlich als Anthropomorphismen, d. h. Gott und Jesus nehmen Züge von Personen aus der unmittelbaren Umgebung des Kindes an. Man geht meist davon aus, daß dies im Vorschulalter der Fall ist. Gott wird oft als Richter, als bärtiger Greis, als Großvater mit großer Autorität gesehen. Das Kind nähert sich Gott in gleicher Weise wie älteren Personen in der Umgebung. Diese deutlichen Anthropomorphismen pflegen mit der Pubertät zu verschwinden. Bei einigen bleiben die anthropomorphen Züge im Gottesbild allerdings das ganze Leben erhalten. In den westlichen Kirchen wird das Heranreifen einer eher abstrakten Gottesvorstellung als wünschenswert angesehen.

Ist die Religionsauffassung ganz von der affektiven (oft negativen) Bindung zu Vater, Mutter oder einem sonstigen Angehörigen bestimmt, sprechen wir von **affektiven Anthropomorphismen.** Strenge und anspruchsvolle Eltern können durch ihre Erziehung die Gottesauffassung des Kindes so weit beeinflussen, daß eine persönliche und homogene Beziehung zu Gott, Kirche und Religion niemals entstehen kann. Psychologisch gesehen ist die religiöse Internalisierung stark von der Art der Älteren, Religion zu lehren, beeinflußt, und eine psychische Hemmung entsteht. Oft haben die Eltern im Zusammenhang mit dem Erlernen religiösen Verhaltens – (Tisch-)Gebet, Gottesdienstbesuch usw. – die Kinder so sehr unter ihren Willen gezwungen, daß deren gesamte Religiosität davon gefärbt ist. Wird Beten bei Tisch unter Androhung von Strafe erlernt, ist es nicht verwunderlich, wenn Bedrohung und Angst auf den geistlichen Inhalt übertragen werden. Mit Gott und Jesus werden durch Haloeffekt negative Erinnerungen assoziiert, die das religiöse Reifen behindern, nicht selten verursacht durch allzu sichere, aber auch durch unsichere Eltern. Im Verhältnis zu Kirche und Pfarrern kann das gleiche eintreten. Die kirchlichen Lehren wurden früher nicht selten unter Strafandrohung vermittelt und in zuweilen demütigender Weise abgeprüft, wobei es dann zu deutlichen Anthropomorphismen in Anlehnung an Kirche und Geistlichkeit kommen konnte.

Mit dieser Problematik steht die Projektion der Eigenschaften der Eltern auf Gott z. T. in Zusammenhang. Von Gott als handelnder Person zu reden ist nicht ohne Bilder und Symbole aus der sozialen Welt möglich. Auch die Bibel ist voll von alltäglichen Begriffen wie Vater, Hirte und Richter. Man hat festzustellen versucht, welche die häufigsten Metaphern für Gott sind. Dies ist interessant im Hinblick auf das Christentum, wo man ja nicht nur Gott Vater,sondern auch Jesus und bei den Katholiken auch Maria kennt. Der Belgier Antoine Vergote ist der Meinung, daß das katholische Gottesbild die mütterlichen Eigenschaften gut integriert, auch wenn die väterlichen überwiegen. Die Forschungen im Rahmen des Turkuer Projektes Kind-Eltern-Religion deuten auf einen Zusammenhang zwischen Eltern- und Gottesbild. Interessanterweise scheint die Mutter für die Söhne eine größere Rolle zu spielen als für die Töchter und umgekehrt. Hier können möglicherweise tiefenpsychologische Theorien weiterhelfen. Ein Zusammenhang zwischen Gottesbild und Selbsteinschätzung konnte ebenfalls nachgewiesen werden.

Sundén gibt noch eine weitere Einteilung für die religiöse Traditionsvermittlung: **Total** bzw. **nur verbal.** Bei der nur verbalen Vermittlung versuchen die Eltern zu bestimmten Anlässen, den Kindern allein mit Worten Religion zu vermitteln, wobei das Kind keine Auffassung von Religion als ganzer erhält und die Religion nicht im Leben der Erwachsenen wiederfindet. Auf seine religiösen Fragen erhält es intellektuelle Antworten, die sein Auffassungsvermögen oft weit übersteigen. Die nur verbale Traditionsvermittlung finden wir gewöhnlich bei unsicheren Vermittlern.

Eine ganzheitliche Traditionsvermittlung umfaßt den emotionalen, rituellen und intellektuellen Bereich des Kindes, wobei die ersteren nach Sundén früher angesprochen werden müssen.

Später, wenn das Kind fragen gelernt hat, folgen Worte und Erklärungen. In diesem Fall ist beim Kind gewissermaßen ein Resonanzkörper für die Worte vorbereitet. Man soll es daher, schon bevor es zu sprechen beginnt, zu Gebeten und Andachten mitnehmen. Dabei kann es Geborgenheit und Heiligkeit erfahren, lange bevor es vernünftig zu denken beginnt. Beginnt es zu sprechen, sollen die Erziehenden möglichst bald auch mit dem Kind und nicht nur für es zu beten beginnen. Sundén unterstreicht, daß die Eltern Religion praktisch ausüben, die eigene geistliche Entwicklung des Kindes aber nicht behindern sollen. Das Kind ist sonst später unfähig, Rollen aus der religiösen Tradition zu übernehmen. Die bereits erwähnten Blockierungseffekte treten ein, und die religiöse Tradition wird negativ, stumm und unzugänglich. Bei seiner Hervorhebung der Rolle der betenden Mutter stützt sich Sundén u. a. auf Paul Vogels Untersuchungen über das erste Stadium kindlicher Religiosität. In der ersten Zeit ist die Mutter für das Kind eine Art Universum, das später dem Gottesbegriff entsprechen kann.

Sundén arbeitet meist analytisch anhand literarischen Materials. Man hat bislang selten versucht, seine Kategorien empirisch zu belegen. Dennoch sind diese von recht großer Bedeutung wegen ihrer Evidenz und Klarheit für denjenigen, der sich mit derartigen Fragen befaßt hat. Im Rahmen unseres Turkuer Projektes (s. o.) haben wir einige von Sundéns Begriffen empirisch zu verifizieren versucht, vor allem was die allzu sicheren Vermittler betrifft (s. Abschnitt über die Problematik der Kindeskinder Gottes).

Der Norweger Sigmund Harbo hat in seiner Dissertation 1987 Sundéns Begriffe diskutiert. Mit Umfragematerial will er den Zusammenhang zwischen Aufwuchsmilieu und Religiosität im Erwachsenenalter darlegen. Dabei tritt eine deutliche Interaktion von religiöser Praxis im Aufwuchsmilieu und emotionaler Affinität zutage. Die anerzogenen religiösen Inhalte sind entscheidend für das emotionale Leben und damit für die weitere Religionsausübung. Je homogener der religiöse Einfluß auf das Kind ist und je früher er einsetzt, als desto effektiver und beständiger erweist er sich im späteren Leben des Kindes.

Kognitive Entwicklung

In letzter Zeit hebt man stark die Bedeutung der kognitiven Entwicklung für die Religiosität hervor. Hier ist der Engländer Ronald Goldman zu nennen, dessen Untersuchungen aus den 50er Jahren große Bedeutung für die Religionspädagogik erlangten. Er baut vor allem auf Jean Piaget auf, über den daher an dieser Stelle einiges gesagt werden muß.

Der Schweizer Jean Piaget war einer der größten Psychologen dieses Jahrhunderts. Bei der Untersuchung der kognitiven und moralischen Entwicklung des Kindes hat er Kinder in kleinen Gruppen eingehend beobachtet und befragt. Seine Resultate hat er in mehreren Büchern und Artikeln veröffentlicht, seine Theorien gaben bereits zu umfassender weiterer Forschung Anlaß.

Die kognitive Entwicklung des Kindes umfaßt nach Piaget vier Stufen. Die erste (bis 2 Jahre) nennt er die sensomotorische. Das Kind entwickelt durch die Sinnesorgane ein Verhältnis zu den äußeren Objekten und lernt, sich in seiner Umgebung zu orientieren. Hier wird der Grundstein für die gesamte spätere Entwicklung des Kindes gelegt. Es betrachtet alles von sich selbst aus, sieht sich selbst als Mittelpunkt der Welt und kann nicht klar zwischen dem eigenen Ich und dem Ich anderer unterscheiden.

In der zweiten, der präoperationellen oder präkausalen Phase (bis ca. 7. Lebensjahr), ist das Denken ichzentriert. Das Kind kann nicht verstehen, daß die eigene Sichtweise nur eine unter vielen ist und trifft daher für den Erwachsenen absurde Entscheidungen, die ihm selbst aber logisch und plausibel erscheinen. Die Sprachentwicklung schreitet rasch voran. Das Kind lernt die Sprache selbständig zu gebrauchen, anstatt einfach nur zu wiederholen. Es ist leichtgläubig und lernt mit der Zeit, sich in andere hineinzuversetzen. Die ersten religiösen Begriffe werden verinnerlicht. Das Denken ist konkret und irreversibel, d. h. das Kind kommt in einem einmal begonnenen Gedankengang nicht wieder auf dessen Ausgangspunkt zurück. Lange Erzählungen mit ethischer Intention werden nicht begriffen.

Es folgt die von Piaget so genannte Phase der **konkreten**

Operationen (bis ca. 11./12. Lebensjahr). Das Kind denkt selbständiger und weniger ichzentriert. Zur Ausführung längerer Denkabläufe sind weiterhin konkrete Situationen wichtig. Das Kind ist nicht mehr intuitiv, sondern kann reversibel (zeitlich zurück) denken. Es kann kombinieren, einfache Schlüsse ziehen und beginnt, abstrakte Begriffe zu verwenden. Abstraktionen wie Güte, Bosheit und dergleichen gelingen allerdings noch nicht besonders gut.

Die nächste Phase nennt Piaget das Stadium der **formalen Operationen** (ab ca. 12 Jahren). Das Kind kann abstrakt denken und hypothetische Gedankengänge durchführen. Aus einer Erzählung können Schlüsse auf rein abstrakter Ebene gezogen werden. Begriffe wie Güte, Bosheit, geistlich usw. werden erfaßt. Das Kind setzt sein eigenes Ich gegen die Umgebung ab.

Soweit in groben Zügen Piagets Schema. Goldman ging davon aus, daß das Kind religiöse Unterweisung nicht oder manchmal völlig falsch versteht. Im Vorschulalter und auch danach signalisieren Kinder verschiedenartige Fehldeutungen, die unter Erwachsenen zuweilen als lustige Geschichten gehandelt werden. Goldmans Anfrage war, ob die Religionspädagogik die Forschung über die kognitive Entwicklung bei Kindern unzureichend berücksichtigt habe und Kirche und Schule einen Wissensstoff lehrten (z. B. durch Auswendiglernen), der das Begriffsvermögen der Kinder weit übersteige, und ob nicht der Religionsunterricht den Erkenntnissen über die kognitive Entwicklung besser anzupassen sei.

Goldman prüfte, wie Kinder unterschiedlichen Alters verschiedene biblische Erzählungen begreifen und legte dabei Piagets Schema über die kognitive Entwicklung des Kindes zugrunde. Nach ihm durchläuft das Kind zunächst eine Art **präreligiöser** Phase, in der es religiöse Wirklichkeit nicht in Begriffe bringen kann. Es entwickelt sich mit Phantasie und Gefühl spielend weiter. Die nächste Phase läßt sich als **subreligiös** bezeichnen. Das Kind begreift alles Konkrete, Materielle. Es folgt ein **persönliches** Stadium. Nun erst kann das Kind seine Vorstellungen und Religion verständlich darstellen. Viele Kinder verbleiben nach Goldman im zweiten Stadium, vornehmlich aufgrund zu früher Konfrontation mit biblischen Erzählungen. Viele von diesen (z. B. Jesu Gleichnisse) verlangen seiner Meinung nach abstraktes Denkvermögen und können erst in der Phase der formalen Operationen, also im Alter von etwa zwölf Jahren, verstanden werden.

Die Konsequenz war für Goldman, daß man den Religionsunterricht den kognitiven Fähigkeiten der Kinder anpassen müßte. Hauptgedanke des daraus entwickelten sog. kindzentrierten Unterrichtsmodells ist, daß religiöse Erzählungen und Inhalte dem Kind entsprechend seiner kognitiven Entwicklung dargeboten werden sollen: Die Frage ist eher, was das Kind daraus lernen kann, als was es alles lernen müßte, um den gesamten Inhalt des christlichen Glaubens angemessen wiedergeben zu können.

Piaget und Goldman haben eine große Rolle gespielt, aber auch Kritik ausgelöst. Evenshaug und Hallen (Norwegen) haben sich für ein kommunikationstheoretisches Modell eingesetzt, das die spezifischen Voraussetzungen von Übermittler und Empfänger sowie die zur Verfügung stehenden Übermittlungskanäle berücksichtigt: Bei religiöser Unterweisung gehe es meist um ein kompliziertes Zusammenspiel von Kind, Eltern, Freundeskreis und der kulturellen und wissenschaftlichen Entwicklung der Gesellschaft. Religionspädagogik sei zu einem großen Teil nicht rein wissenschaftlich, sondern angewandt betrieben worden. Als Aufgabe habe man angesehen, Vorschläge über Inhalt und Form des Lehrstoffs in Schule und Kirche auszuarbeiten.

Sundén kritisiert Piagets halbklinische Methode. Er meint, daß die Fragen, die dieser den Kindern gestellt hat, einengend gewesen sein könnten. Das Kind begreife vielleicht nicht den Wunsch der Älteren nach Antworten als Erörterungen kausaler Zusammenhhänge, z. B. woher der Wind kommt. Das Kind erlebe also seine Antworten nicht als Problemlösungen, wie Piaget offensichtlich annimmt. Viel von dem, was Kinder antworten und was unnatürlich und egozentrisch wirkt, könne in Wahrheit auf sprachlichem Einfluß seitens der Älteren beruhen.

Piaget-Goldmans Untersuchungen konzentrieren sich auf die kognitive Entwicklung. Die emotionale Seite wird nicht berücksichtigt. Von einer Situation, in der ein Modell erlernt wird und die Rollen als wichtig erlebt werden, kann man behaupten, daß religiöse Erzählungen, die das Kind kennenlernt, in relativ frühem Alter gewiß nicht gänzlich verstanden, aber dennoch erinnert werden. Diese Erzählungen können später für das Einnehmen von Rollen wichtig werden und bilden außerdem die Grundlage für die Fähigkeit, später in reiferem Alter über religiöse Fragen nachzudenken, neue Sichtweisen und symbolische Funktionen für das früher Erlernte zu entdecken. Das Kind kann sozusagen das Material rein kognitiv reorganisieren, es aber auch in tief emotionaler Weise das Leben beeinflussen lassen. Dieser Gedanke wird durch die tiefenpsychologische Sichtweise unterstützt, in der die Deutungsfunktionen von Märchen und Mythen unterstrichen werden.

All dies setzt jedoch voraus, daß beim Erlernen religiöser Inhalte die Erwachsenen die Deutung der religiösen Erzählungen nicht zu sehr an das infantile Stadium binden und eine persönliche Reorganisation des Kindes verbieten. Damit behindert man weitere kognitive Reflexion über Religion, was meist auch zu Erlebnisunfähigkeit führt und damit zu Schwierigkeiten und Angst im Umgang mit der Tradition. Auch die affektiven Anthropomorphismen können hier behindernd einwirken.

Moralische Entwicklung

Jean Piagets Untersuchungen sind auch für das wichtige Gebiet der Erforschung der moralischen Entwicklung bedeutsam: Wie versteht das Kind Gerechtigkeit, Strafe und Belohnungen und die Motive für unterschiedliche Handlungsweisen? Grob gesagt unterscheidet Piaget zwei Phasen. Die erste nennt er **heteronome,** die zweite **autonome Moralität.** Für die erste sind intellektuelle und emotionale Unreife typisch. Das Kind ist Erwachsenen gegenüber unselbständig und nicht fähig, sich in andere hineinzuversetzen. Ob eine Handlungsweise richtig oder falsch war, wird nach dem Ergebnis beurteilt. Dahinterstehende Motive werden nur schwer erkannt, Regeln gern als ein für allemal gegeben angesehen.

Im nächsten Stadium zeigen sich höhere Intelligenz und Selbständigkeit. Das Kind kann sich nun in andere hineinversetzen und Handlungsmotive erkennen. Regeln und Verhaltensweisen werden als wandelbare soziale Übereinkünfte aufgefaßt. Diese Phase tritt erst in einer gewissen Entwicklung der Intelligenz ein, also etwa ab 12 Jahren. Eine klare Grenze in der Moralauffassung existiert natürlich nicht, sondern die Entwicklung ist kontinuierlich. Analytisch betrachtet ist eine Phaseneinteilung jedoch berechtigt.

Der Amerikaner Lawrence Kohlberg hat sich ebenfalls mit dieser Problematik befaßt. Er interessiert sich nicht so sehr für die Entwicklung des moralischen Handelns, sondern mehr für die des moralischen Denkens. Wie jemand in einer bestimmten Situation handeln sollte, ist weniger interessant für ihn als wie jemand sich rechtes Handeln vorstellt. Kohlbergs Untersuchungen basieren auf Interviews mit Kindern, wobei er diverse Beispielerzählungen benutzt, moralische Dilemmas, zu denen das Kind sich äußern soll.

Kohlberg teilt seine sechs Phasen in drei Ebenen ein. Die erste Ebene ist die **vorkonventionelle** und umfaßt zwei Phasen: die erste mit einer Straf- und Gehorsamsorientierung und die zweite mit Hedonismus und konkreter Reziprozität, d. h. einer „Auge um Auge, Zahn um Zahn"-Mentalität. Für die gesamte erste Ebene ist typisch, daß moralische Werte ihren Grund im Individuum selbst haben, in guten und verwerflichen Werken.

Die zweite, **konventionelle und pragmatische** Ebene besteht aus den Phasen 3 und 4. In der dritten Phase („Lieber-Junge-Orientierung") wird versucht, gute Intentionen zu haben, umsichtig gegenüber anderen zu sein und gegenseitige Abmachungen einzuhalten. Phase 4 hat eine strenge Orientierung nach Gesetz und Ordnung. Die Pflicht muß immer erfüllt werden, und man muß der Obrigkeit gehorsam sein. Das Leben ist nun heilig, da es zu einer moralischen und religiösen Einheit mit Rechten und Pflichten geordnet werden kann.

Die dritte Ebene nennt Kohlberg **nachkonventionell.** Eine prinzipielle Moral kommt zum Ausdruck. Phase 5 ist auf legalistisches Vertragsdenken und Anerkennung demokratischer Prinzipien im Sinne eines Mehrheitsrechts ausgerichtet. Die sechste Phase zeigt eine Orientierung von universellen ethischen Grundsätzen her; ein ansatzweises „Weltgewissen“ sowie gegenseitige Achtung und Respekt kommen vor.

Eigentlich umfaßt Kohlbergs Schema noch zwei weitere Phasen, nämlich eine vormoralische (vor allen anderen) und eine „kosmische“ oder „grenzenlose“ Phase. Für diese letztere sind die Fragen nach dem Warum des Lebens sowie nach der Einheit von Kosmos und Ich prägend. Dies könnte also an Mystik grenzen. Diese Phase berücksichtigt Kohlberg allerdings später nicht mehr, da sie schwer zu belegen ist. Er dachte dabei z. B. an Menschen wie Sokrates und Martin Luther King.

Längsschnittuntersuchungen der Moralentwicklung von Kindern lassen erkennen, daß diese eine Entwicklung von niederen zu höheren Stadien nach dem Kohlbergschen Schema durchleben. Kohlberg nahm auch an, daß die Theorie in verschiedenen Kulturen und Erdteilen gültig ist. In Schweden hat Kurt Bergling sie hypothetisch-deduktiv ausprobiert und herausgefunden, daß die moralische Entwicklung konsequent bis zur vierten Phase verläuft. Die beiden übrigen konnten nur für Kinder und Jugendliche, nicht aber für Erwachsene belegt werden. Bei Kindern folgen die Phasen 1–3 einander ohne Auslassungen. Dies gilt aber nicht für Jugendliche und Erwachsene. Eine vergleichende Analyse mehrerer Kulturen ergab, daß das soziokulturelle Milieu die moralische Entwicklung beeinflußt. In der islamischen Welt z. B., in der die Individualität nicht betont, sondern die Religion als gesellschaftsgebunden aufgefaßt wird, neigen Kinder dazu, die eher individualistische Phase 3 zu überspringen und direkt zur Phase 4 mit der Betonung von Recht und Gesetz überzugehen. Kohlbergs Theorie ist also insofern richtig, als die Reihenfolge der Phasen stets dieselbe bleibt. Es können jedoch Phasen übergangen werden bzw. selten oder nie erreicht werden.

John C. Gibbs hält die ersten vier Kohlbergschen Phasen für naturalistisch: Gefragt werde nach dem Wie: Wie funktioniert das menschliche Leben allgemein? Während der beiden ersten Phasen orientiere sich das egozentrisch denkende Kind anhand von Strafe und Belohnung in der Umgebung mit ihren Erwartungen und Beurteilungen. Die naturalistische Orientierung vertiefe sich in der dritten und vierten Phase und werde soziozentrisch. Stimulierend seien die Erfahrung der Umgebung als sozial freigebig und offen sowie das Streben nach Geborgenheit und stabilen sozialen Verhältnissen. Die Phasen 5 und 6 bezeichnet Gibbs als existentiell: Hier werde nach dem Warum gefragt: Warum gibt es das menschliche Leben überhaupt? Die Phasen seien metaethisch, und man frage recht grundsätzlich nach Sinn und Inhalt der Existenz. Es gebe m. a. W. einen Übergang zum rein Religiösen.

Wie die kognitive Entwicklung entscheidet, welchen Nutzen das Kind aus religiöser Unterweisung ziehen kann, so habe die moralische Entwicklung Konsequenzen für die Aneigung religiös-ethischen Denkens. Der Zusammenhang sei eng. Besonders für die moralische Entwicklung sei auch die religiös-kulturelle Umwelt von Bedeutung. Was alles letztlich von der Umgebung abhängt, scheine hinsichtlich der Entwicklung des Gerechtigkeitsbegriffs beim Individuum nicht völlig klar zu sein.

Auf die Bedeutung der moralischen Entwicklung für das religiöse Leben des Individuums kommt James W. Fowler in seiner Theorie über Entwicklungsstadien menschlicher Religiosität zu sprechen. Er redet von „faith", also Glauben in der Bedeutung „Vertrauen". Darunter versteht er Trost oder die Art des Menschen, sich in der Existenz sinnvoll zu orientieren. Es geht also um die Reife in der gesamten Lebenseinstellung. Fowler sieht bei der Einteilung der menschlichen Glaubensentwicklung die Moralauffassung als wichtige Variable neben sechs anderen. Diese sind: Logisches Denken (vgl. Piagets Theorie), die Möglichkeit, Dinge aus der Perspektive eines anderen zu sehen (vgl. R. L. Selmans Theorie über zwischenmenschliche Beziehungen), das Bewußtsein sozialer Bindungen, das Verständnis, wer oder was die äußerste Autorität besitzt, die Art, Zusammenhänge in der Welt zu begreifen (Totalitätsauffassung) sowie die Fähigkeit, Symbole anzuwenden (Symboldenken). Während der Entwicklung und des Heranreifens werden alle diese Aspekte verinnerlicht, so daß sich normalerweise folgende Phasen ergeben:

0. Der undifferenzierte Glaube: Grundsätzliches Vertrauen, Gegenseitigkeit im Verhältnis zum Betreuer, rudimentäres Verständnis der eigenen Existenz; Alter 0–2 Jahre.
1. Der intuitiv-projizierende Glaube: Entwicklung der Phantasie als Mittel, die Welt im innersten Wesen zu begreifen; Alter 3–7 J.
2. Der buchstäblich-mythische Glaube: Erzählung, Drama, Mythos formen die Weltanschauung; Alter 7–12 J.
3. Der synthetisch-konventionelle Glaube: Ausbildung eines persönlichen Verständnisses („Mythos") der eigenen Identität, des Hintergrundes und der Zukunft; Alter 12–16 J.
4. Der individuell-reflektierende Glaube: Kritische Reflexion über Ich, Ideale und eigene Aufgabe in der Welt; Alter 17–30 J.
5. Der konsolidierende Glaube: Erfahrung von Paradoxität, Tiefe und Verantwortung für die Welt als ganze; Erwachsenenalter.
6. Der universelle Glaube: Große Vision universeller Gemeinschaft; alternder Mensch.

Nach Fowler bauen die einzelnen Stadien aufeinander auf, erweitern also das Bewußtsein des vorigen Stadiums. Ferner folgen seiner Ansicht nach die Stadien in dieser Reihenfolge einander, ohne daß eigentlich eines von ihnen übersprungen werden könnte. Der Reifungsprozeß wäre damit allgemeingültig strukturiert. Diese sichtlich holistische Theorie ist später lebhaft diskutiert und auch kritisiert worden. Umfassendere Studien, die auch verschiedene Kulturen berücksichtigen, fehlen bislang.

Zum Schluß des Kapitels will ich noch kurz auf Fritz Oser eingehen. Er versucht eine Zusammenschau von kognitiver Entwicklung und religiöser Beurteilung (religious judgement). Ausgehend von Untersuchungen unter Anwendung verschiedener Dilemmas hat er folgendes Schema entworfen:

1. **„Orientierung der völligen Determination":** Gott weiß alles am besten; strenges Gesetz mit Strafe und Belohnung.
2. **„Orientierung der Gegenseitigkeit":** Wechselwirkung zwischen Gott und Mensch; Aktivität aus eigenem Willen, Unterscheidung zwischen Gott und Welt.

3. **„Orientierung des Voluntarismus“:** Gott existiert, aber der Mensch besitzt große Souveränität. Gott achtet darauf, wie der Mensch seinen Willen erfüllt.
4. **„Orientierung der Autonomie und des ‚göttlichen Plans‘“:** Indirektes Verhältnis zwischen Gott und Mensch. Das Leben gründet auf dem eigenen Handlungsvermögen des Menschen. Er ist für das verantwortlich, was er tut. Gott dagegen ist die Liebe und will für den Menschen das Beste. Der Mensch soll seinem Nächsten gegenüber hilfsbereit sein.
5. **„Orientierung der Selbsterfüllung und Intersubjektivität“:** Gott ermöglicht dem Menschen Selbständigkeit und eigenen Willen. Der Mensch ist autonom, aber auch verantwortlich.
6. **„Orientierung der universellen Kommunikation und Solidarität“:** Am wichtigsten ist eine allgemeine Zusammengehörigkeit. Das Verhältnis Gott-Mensch umfaßt die gesamte menschliche Existenz. Gott gibt dem Leben seinen äußersten Sinn und sein Ziel.

Psychosoziale Entwicklung

Erik Homburger Erikson ist bekannt für sein sog. **epigenetisches Diagramm**, ein Schema für die Entwicklung des Menschen bis ins Alter hinein. Erikson hat Sigmund Freuds tiefenpsychologische Theorien über die frühkindliche Entwicklung aufgenommen. Freud nimmt an, daß die Libido des Kindes in unterschiedlichen Stadien der Entwicklung an verschiedene sog. erogene Zonen geknüpft ist, zuerst an den Mund (orale Phase), dann an den Anus (anale Phase), schließlich an die Genitalien (phallische Phase). Es folgen nach Freund eine Latenzperiode mit größerer Stabilität und darauf die genitale Periode, die mit der Pubertät zusammenfällt.

Erikson gründet seine Theorie auf längere Beobachtungen bei Kindern, Jugendlichen, Studenten, Erwachsenen und alten Menschen und beschreibt die psychosozialen Stadien der Entwicklung des Ichs, in denen das Individuum sich im Verhältnis zu sich selbst und zur Umgebung verschiedenartig orientiert. Nach Erikson findet während des gesamten Lebens eine dynamische Veränderung statt.

Nach dem epigenetischen Diagramm läßt sich die Persönlichkeitsentwicklung in acht verschiedene Stadien unterteilen. In jedem gibt es ein primäres Bedürfnis, das befriedigt werden muß. Je nachdem, wie dies möglich ist, entwickeln sich verschiedene Grundeinstellungen, deren jede in positiver oder negativer Form auftreten kann, wobei auch Zwischenformen zuweilen vorkommen.

Zuerst kommt die **orale** Phase (bis ca 1½ Jahre). Entwickelt wird entweder Vertrauen oder Mißtrauen. Das Kind benötigt Kontakt und Stimulans und erlernt entweder Zuversicht (Urvertrauen) zur Umgebung oder zurückhaltendes Mißtrauen.

Es folgt die **anale** Phase (bis ca. 3 Jahre) mit Entwicklung von Selbstvertrauen oder Scheu, Autonomie oder Zweifel. Die eigene Persönlichkeit wird profiliert, das Ich wird durch Trotz erprobt (Trotzphase), braucht aber Fürsorge und Verständnis. Wichtig ist vor allem, dem Kind ein gesundes Selbstgefühl zu geben, so daß sich nicht Schuldgefühle, Scheu, Zweifel und Trotz entwickeln und etablieren. Das Kind soll sich angenommen fühlen, auch wenn es für Fehler Kritik erhält.

Während der nachfolgenden **genitalen** Phase (3,5–5 Jahre) werden Initiative oder Schuldgefühl entwickelt. Die Reaktion von Eltern und Angehörigen auf intellektuelle und motorische Aktivität des Kindes führt entweder zu Freiheitsgefühl und reicher Initiative oder zu Schuld- und Unzulänglichkeitsgefühl. Das Kind beginnt, die Muskeln zu beherrschen, entwickelt die Feinmotorik, erweitert rasch die sprachlichen Fähigkeiten, internalisiert gewisse Regeln, und das Gewissen wird ausgebildet. Wichtig ist, daß das Kind nicht in sein Gefühl für Gerechtigkeit eingezwängt wird, weder sich selbst noch den Erwachsenen gegenüber.

Es folgt die **Latenzperiode** (6 Jahre bis Pubertät) mit Werksinn oder Minderwertigkeitsgefühl als Grundeinstellungen. Das Kind versteht nun, wie Welt und Umwelt funktionieren. Konzentration und Ausdauer werden erlernt und das Urteilsvermögen verbessert. Das Kind ist abhängig von der Familie, entwickelt aber starke Bindungen zum Freundeskreis außerhalb. Für das Kind ist es wichtig, sich zu erproben und seine starken Seiten kennenzulernen. Es muß seine Rolle zu Hause und außerhalb kennen. Das Verantwortungsbewußtsein entwickelt sich nun.

Die nächste Phase fällt mit der **Pubertät** zusammen (ca. 11–18 Jahre). Identität oder Identitätsdiffusion sind Grundeinstellungen. Unterschiedliche Verhaltensweisen zur Umwelt werden erprobt, Dinge aus der Perspektive anderer zu sehen gelernt. Der Körper verändert sich, Menstruation bei Mädchen und Pollution bei Jungen beginnen. Daß diese Veränderungen in einer Atmosphäre von Geborgenheit und Verständnis geschehen, ist wichtig für die Selbstauffassung. Ziel sollen die Festigung des Ichs, das Kennenlernen seiner selbst als selbständigem Individuum mit Verantwortung für Handeln und Verhalten sein. Verschiedene Gruppen für die Identifikation sind in dieser Zeit wichtig.

Es folgt die wichtige **frühe Erwachsenenzeit** mit Intimität oder Isolierung als Grundeinstellungen. Im Alter von 20–30 Jahren erprobt das Individuum sich im Leben in der Arbeit und mit Kameraden. Entweder wird eine Fähigkeit zu sexueller, emotionaler und moralischer Einfühlung oder aber Isolierung und Entfremdung ausgebildet.

Als siebte Phase folgt das **Erwachsenenalter**. Grundeinstellungen sind Generativität oder Selbstabsorption. Die eigene Persönlichkeit wird in Aktivität in Familie und Gesellschaft entwickelt, und man arbeitet für die Zukunft. Andernfalls richtet sich die Aufmerksamkeit auf das materielle und physische Wohlbefinden.

Im achten und letzten Stadium, dem **reifen Erwachsenenalter**, sind Grundeinstellungen Integrität oder Verzweiflung. Der Mensch blickt nun auf sein Leben zurück, der Tod rückt ins Bewußtsein. Entweder befriedigt der Blick zurück auf das Leben, oder er läßt Verzweiflung aufkommen und Ekel vor den Rollen, die man gespielt hat. Wer als Erwachsener große Enttäuschungen und tiefe Unbefriedigung hinnehmen mußte, gerät hier leicht in Verzweiflung.

	1	2	3	4
I Säuglingsalter	Urvertrauen gg. Mißtrauen			
II Kleinkindalter		Autonomie gg. Scham und Zweifel		
III Spielalter			Initiative gg. Schuldgefühl	
IV Schulalter				Werksinn gg. Minderwertigkeitsgefühl
V Adoleszenz	Zeitperspektive gg. Zeitdiffusion	Selbstgewißheit gg. peinliche Identitätsbewußtheit	Experimentieren mit Rollen gg. negative Identitätswahl	Zutrauen zur eigenen Leistung gg. Arbeitslähmung
VI Frühes Erwachsenenalter				
VII Erwachsenenalter				
VIII Reifes Erwachsenenalter				

Aus Erik H. Erikson: Identität und Lebenszyklus. stw 16, Frankfurt/M. 1973 (1967)

5	6	7	8	
Unipolarität gg. vorzeitige Selbstdifferenzierung				I Säuglingsalter
Bipolarität gg. Autismus				II Kleinkindalter
Spiel-Identifikation gg. (ödipale) Phantasie-Identitäten				III Spielalter
Arbeitsidentifikation gg. Identitätssperre				IV Schulalter
Identität gg. Identitätsdiffusion	Sexuelle Identität gg. bisexuelle Diffusion	Führungspolarisierung gg. Autoritätsdiffusion	Ideologische Polarisierung gg. Diffusion der Ideale	V Adoleszenz
Solidarität gg. soziale Isolierung	**Intimität gg. Isolierung**			VI Frühes Erwachsenenalter
		Generativität gg. Selbst-Absorption		VII Erwachsenenalter
			Integrität gg. Lebens-Ekel	VIII Reifes Erwachsenenalter

Eriksons Schema findet in der religionspsychologischen Ausbildung in Skandinavien breite Anwendung. In mehreren kleineren Arbeiten sind seine Einteilungen zur Verifizierung vorgegebener Muster herangezogen worden, wogegen das Schema nicht im Rahmen einer größeren Arbeit genauer im Verhältnis zur Religiosität untersucht worden ist. Hier gibt es m. E. für die Forschung noch zu tun.

Eine Theorie, die innerhalb der Religionspsychologie in den letzten Jahren Gegenstand des Interesses geworden ist, ist die Bindungs- oder Attachment-Theorie, die von John Bowlby auf ethologischer und biologischer Grundlage entwickelt wurde. Sie geht davon aus, daß die frühen Bindungen eines Kindes zu einer anderen Person (meist der Mutter) beträchtliche Bedeutung für die Beziehungen zu Umgebung, Menschen und Welt im Erwachsenenalter haben. Es wird grob mit drei Arten der Bindung gerechnet: fest, ambivalent und lose. Die feste Bindung führt zu Persönlichkeitsbeziehungen, für die Stabilität, Sicherheit und Freundschaft kennzeichnend sind. Die ambivalente Bindung führt zu Unruhe, Protest und Diskontinuität in den Beziehungen. Man benötigt immer neue Bindungsobjekte, mit denen man sich deutlich identifiziert, gegen die man sich aber auch bald auflehnt. Die lose Bindung führt zu ausweichendem Verhalten und Angst vor tiefen Beziehungen. Lee Kirkpatrick hat das Phänomen der plötzlichen Bekehrung anhand der Bindungstheorie untersucht und deutliche Zusammenhänge mit losen Mutterbindungen festgestellt. Gott wird für solche Personen m. a. W. zum Ersatzobjekt für das primäre Bindungsobjekt.

Religion und Alterungsprozeß

Das Alter als letztes Stadium des menschlichen Lebens beginnt, bei einem gewissen Spielraum, etwa mit dem 65. Lebensjahr: Auch nach der Pensionierung bleiben bei manchem Aktivität und Spannkraft noch lange erhalten. Manche altern schneller, andere langsamer, abhängig von Erbanlagen, Umwelt und Arbeit. Für den Alternden ist eine gewisse Abnahme des kognitiven Vermögens typisch. Das Kurzzeitgedächtnis läßt nach, und statt dessen wird lange Zurückliegendes besser erinnert. Untersuchungen zeigen aber, daß auch der alte Mensch Neues erlernen und erinnern kann, auch wenn dies allgemein mehr Zeit erfordert. Bei besserer intellektueller Übung erfolgt das Nachlassen der gedanklichen Fähigkeiten entsprechend später.

Viele alternde Menschen verspüren ein starkes Einsamkeitsgefühl. Sie haben keine richtige Arbeit mehr und werden nicht mehr wie früher benötigt. Angst vor nahender Krankheit und Tod kann eintreten. Neue Aktivitäten und Stimulans werden notwendig und bei uns oft in kirchlichem Engagement gesucht. Die Religiosität nimmt bei alten Menschen häufig zu. Die Kirche mit ihrer Gemeinschaft hat für viele alte Menschen eine Stützfunktion mit Kultaktivität (Gottesdienst), intellektuellem Stimulans (Aktionsgruppen) und neuen Erfahrungen durch die unterschiedlichen Aktivitäten der Seniorengruppen. Wichtig ist Anbindung an die Traditionen der eigenen Kindheit und Jugend (Treffen ehemaliger Konfirmanden usw.).

Villiam Grønbæks Werk *Det religiøse i alderdommen. Én religionspsykologisk studie* (Das Religiöse im Alter. Eine religionspsychologische Studie, 1954) gibt eine gute Übersicht über die Forschung bis dahin und analysiert eigenes Interviewmaterial. Seine Aufmerksamkeit weckten besonders die Berichte alter Menschen von einer Art Führung oder Bestimmung im Leben. Er bemerkt einen Unterschied zwischen einer Bestimmung von außerhalb, nach der man sich richtet, und einer Entscheidung, die man selbst zur Richtschnur des Lebens macht. Dies hat auch der deutsche Religionspsychologe Theophil Thun beobachtet. In seiner Arbeit *Das religiöse Schicksal des alten Menschen* (1969) vermerkt er, daß der alternde Mensch nach einer Art Gesamtdeutung des Lebens sucht. Dies schließt an Eriksons epigenetisches Diagramm an.

Auch Sundén hat sich mit Alter und Religion befaßt. In seiner Arbeit *Om ålderdomen* (Über das Alter, 1964) spricht er besonders von Führungserfahrungen bei älteren Menschen, wobei er seine Rollentheorie anwendet. Diesen theoretischen Ansatz hat O. Wikström in seiner Dissertation *Guds ledning* (Göttliche

Führung, 1975) ausführlich anhand von Interviews mit alten Menschen in einem nordschwedischen, religiös recht homogenen Gebiet bearbeitet. Demnach sind die Berichte von Gottes Führung bei alten Menschen geläufig. Düstere und schwere Erfahrungen hat man allmählich zu akzeptieren gelernt, und nicht zuletzt deutet man sie als Gottes Fingerzeig und als deutliche Zurechtweisung. Krankheit und Not werden so sinnvoll in ein Ganzes integriert.

Wikström setzt mit Sundéns Rollentheorie an: Die alten Menschen hätten seit frühester Kindheit die Rollen der Menschen in biblischen Erzählungen übernommen und Gottes Zuspruch oder Handeln bei sich oder ihren Angehörigen erfahren. Dadurch habe sich eine generelle Gottesrolle mit fürsorglichen und Geborgenheit schaffenden Funktionen herausgebildet. Im Alter werde diese dann auf das gesamte Leben mit seinen vielfältigen Ereignissen übertragen, und durch die Rollenübernahmen wird Gottes deutliche Steuerung im Leben wahrgenommen. So werde Gottes Führung persönlich erlebt. Diese Frömmigkeit drücke sich aus z. B. in dem oft gesungenen Kirchenlied: „Wo ich geh in Wäldern, Berg und Tälern, folgt mir ein Freund, ich höre seine Stimm' ..."

Bei der Untersuchung einer Gruppe von Finnlandschweden im Alter von über 25 Jahren trat die Führungserfahrung, bezogen auf alle Untersuchten, am häufigsten auf. Auch Nichtchristen gingen von irgendeiner Führung oder einem Sinn im Leben aus. Irgendeine Art von solcher Erfahrung dürfte also prinzipiell zur normalen psychischen Entwicklung beim Menschen gehören. Dies kann, wie gesagt, im Zusammenhang mit Eriksons Theorie von der Integrität gesehen werden. In der Untersuchung zeigte sich außerdem eine Tendenz dahin, daß Menschen mit einer christlichen Totalitätsauffassung negative Erlebnisse im Leben wie Tod, Trauer und Rückschläge leichter integrieren und akzeptieren. Man kann bei aller Vorsicht darauf schließen, daß ein religiöser Glaubensstandpunkt schwere Erlebnisse leichter verarbeiten läßt als eine nicht-religiöse Anschauung. Das wäre aber noch eingehender zu klären.

Raili Gothóni hat in ihrer Dissertation (Helsinki 1987) anhand von Interviewmaterial die Weltanschauung bei einer Anzahl langzeitig bettlägeriger alter Menschen analysiert. Mit Hilfe einer Klassifizierung von Sundén teilt sie diese in vier Gruppen ein:

1. Alte Menschen mit einem klaren Erlebnis von Gottes Führung und von Religion.
2. Personen, bei denen das Gespräch über Religion negative Erfahrungen wachruft und beunruhigend wirkt.
3. Personen, bei denen frühe religiöse Kindheitserinnerungen eine Rolle spielen, die als Erwachsene aber in keiner Weise religiös engagiert waren. Zu dieser Gruppe gehört die Mehrzahl der Befragten.
4. Personen mit Erlebnissen starker Enttäuschung gegenüber Religion. Sie wissen, was religiöses Leben ist, haben aber Aversionen gegen die entsprechenden Verhaltensmuster. Diese Gruppe ist recht klein.

Auch Gothónis Gesprächspartner hatten also Gottes Führung erlebt. Die meisten sagten aus, daß sie nun als Kranke und Alte häufiger als früher beteten. Die meisten hatten offensichtlich ihre Krankheit und ihr Leiden recht gut akzeptiert, vielfach bis hin zu einer Art Fatalismus. Bei überzeugten Christen wurde die Krankheit mit Gott in Verbindung gebracht. Nichtchristen sahen ihre Krankheit oft als eine Zeit des Innehaltens und des Nachdenkens über das eigene Verhältnis zum Leben und seinen Werten.

Schließlich noch zu Elisabeth Kübler-Ross' Theorie über Trauerarbeit, die im Westen in den letzten Jahrzehnten sehr erfolgreich ist und vielfach in der Seelsorge übernommen wird: Kübler-Ross teilt den Trauerprozeß in fünf Phasen ein: Leugnung (Isolierung), Haß (Wut), Feilschen (Kompromißschluß), Depression (Niedergeschlagenheit), Akzeptanz (Hoffnung). Es sei im wesentlichen dasselbe, ob man sich dessen bewußt wird, daß man selbst sterben muß oder ob man einen lieben Verwandten oder sonst etwas Wichtiges im Leben verliere (Tiere, Körperteile, Wohnung usw.).

In der ersten Phase leugnet man nach Kübler-Ross, daß der

Tod naht oder für einen nahen Angehörigen eingetreten ist. In der zweiten kämpft man mit der Frage, warum es gerade einen selbst getroffen hat. Aggressivität ist hier nicht selten. In der dritten Phase verhandelt man mit Gott oder Entsprechendem um Aufschub oder Umdeutung. In der vierten Phase beginnt man, einzusehen und zu begreifen. Depression, Resignation, Schuld- und Wertlosigkeitsgefühl können sich einstellen. In der letzten Phase schließlich werden Tod und Sterben akzeptiert. Glück und Zufriedenheit treten allerdings seltener auf als Ergebenheit und Ruhe.

Verschiedene Personen durchleben diesen Prozeß auf unterschiedliche Weise. Zum Teil verläuft er rasch, für andere zieht er sich hin. Manche überspringen sogar eine der Phasen oder verbleiben in einer anderen und haben Schwierigkeiten, ihre Lage zu akzeptieren. Dies wird allgemein als mangelhafte Trauerarbeit angesehen.

Gegen Kübler-Ross' Theorie ist kritisch eingewendet worden, daß sie demographische Ungleichheiten wie Variationen bei Krankheit und Tod, Geschlecht sowie Rasse und kognitives Rüstzeug nicht berücksichtige. Das Phasendenken könne auch dazu führen, daß man sich darauf versteife und die Trauerarbeit nicht als Reifungsprozeß betrachte.

Phasen der psychischen Entwicklung

Alter in Jahren	Alters-Phase	Charakteristische Verhaltensweisen und Ereignisse	Psycho-sexuelle Entwickl. (Freud)	Psycho-soziale Entwickl. (Erikson)	Piagets Ebenen
0	Säugl.-	Kontaktlächeln		Zutrauen/	
	Alter	Angst vor Fremden	Orale	Mißtrauen	Senso-
1		Steht	Phase		motorische
		Geht	Anale	Autonomie/	Phase
2		Sprachentwicklg.	Phase	Scham,	
	Klein-			Zweifel	Präoperati-
3	kinder-	Spielt m. anderen	Phallische		tionelle
	phase	Bemerkt Geschlechts-	Phase	Initiative/	Phase
4		unterschied	Ödipus-	Schuld	
		Geburt-Tod als	komplex		Konkret-
5	Vorschul-	Problem			operatio-
	alter				
		Schule	Latenz-	Arbeitsei-	nelle
		Gruppe, Abhängigk.	periode	fer/Unter-	Phase
10	Frühes	v. Kameraden		legenheit	
	Schul-		Vorpubertät		Formal-
12	alter		Pubertät	Identität/	operatio-
		Sexuelle Reife		Identitäts-	nelle
15		Schulanforde-	Adoleszenz	diffusion	Phase
	Teen-	rungen steigen			
	ager-	Sexuelle Erfahrungen			
	alter				
20		Zieht weg v. zu-		Intimität/	
	Ende d.	hause, Ausbildg.		Isolation	
	Jugend-	Paarbeziehung			
30	alters	Beruf			
		Elternschaft			
		Geschlechtsrollen			
	Frühe	werden aktualisiert			
	mittl.				
	Jahre	Berufl. Erfolg/			
40		Enttäuschung			
				Kreativität/	
	Mittl.	Midlife-crisis		Egozentri-	
	Jahre			zität	
		Arbeitslosig-			
50		keit			
	Spätere	Klimakterium			
	mittl.	Kinder ziehen aus			
	Jahre	Nahestehende sterben		Integrität/	
60		Gesundheit läßt nach		Verzweiflung	
		Leistungsfähigkeit			
		sinkt			
		Pensionierung			
65–	Alter	Gebrechlichkeit			
		Nutzlosigkeit			
		Sterben			

5. Religion und Persönlichkeitspsychologie

Einleitung

Die Persönlichkeitspsychologie basiert auf der Beobachtung, daß wir bestimmte feste Verhaltensmuster und Reaktionsweisen entwickeln. Manche Menschen sind ja offen, froh und extrovertiert, während andere verschlossen, mißmutig und introviert sind. Aufgabe der Persönlichkeitspsychologie ist, die vorhandenen Eigenschaften ausfindig zu machen und zu gruppieren, um zu **Persönlichkeitstypologien** zu gelangen. Damit begnügt man sich jedoch nicht immer, sondern will auch soweit wie möglich erörtern, warum bestimmte Menschen bestimmte Charakterzüge ausbilden.

Persönlichkeit nennen wir die Gesamtheit derjenigen psychischen Eigenschaften des Individuums, die bei ihm Ursache eines bestimmten Verhaltensmusters sind, das auf lange Zeit recht stabil ist und in verschiedenen Situationen auftritt. Nur gelegentlich auftretende Reaktionen pflegt man dabei nicht in Betracht zu ziehen.

In der Persönlichkeitspsychologie muß man sich oft mit den Abweichungen vom Normalen befassen. Das Anormale ist dabei oft krankhafter Art und erfordert dann Behandlung, z. B. wenn jemand gewalttätig wird und sich und andere gefährdet. Eine scharfe Grenze zwischen normal und anormal läßt sich jedoch nicht ziehen. Normal ist ein Durchschnitt von Menschen, die in einem sozialen Milieu befriedigend zusammenwirken. Kulturelle Werte haben immer Einfluß auf den Normalitätsbegriff. Anormal ist dann, was in diesem Milieu nicht funktioniert. Interessanterweise hat jede Kultur und jede Gesellschaft Methoden zur Pflege und Behandlung von als abweichend betrachteten Personen entwickelt. Es gibt Langzeitmethoden und solche für eher gelegentliche Krankheiten. In vielen Kulturen übernehmen Schamanen, Zauberer und Medien die Heilung dessen, was wir als psychische Beschwerden ansehen, wobei diese Personenrollen gleichzeitig Personen mit abweichendem Verhalten Zuflucht bieten.

Es gibt grob gesagt zwei Modelle zur Feststellung dominierender Charakterzüge in der Persönlichkeitspsychologie: Bei der Durchführung nomothetischer Untersuchungen versucht man, mit Hilfe von Tests Regelmäßigkeiten im Verhalten einer Person zu finden. Hierzu zählen viele berufliche Eignungstests. Bei der Ideographie bestimmt man die dominierenden Züge durch langfristige Beobachtung der Personen und ihrer Verhaltensweisen.

Ganz allgemein kann man die Persönlichkeitstypologien grob in vier Gruppen einteilen: Es gibt Theorien, die **Charakterzüge** (traits) feststellen, **tiefenpsychologische, humanistische Theorien** und **Lerntheorien.** Mit ersteren versucht man entscheidende Charakterzüge ausfindig zu machen, die das Verhalten einer Person langfristig und charakteristisch bestimmen. Diese teilt man ein in primäre und sekundäre Züge. Man spricht auch von oberflächlicheren und tieferliegenden Zügen. Aufgabe ist hier, die kleinste Zahl einheitlicher Züge aufzuspüren, um die größtmögliche Bandbreite in jemandes Verhalten erklären zu können. Diese Richtung wird z. B. von Gordon W. Allport repräsentiert, auf den ich weiter unten zurückkomme (s. Abschnitt „Religiöse Sentiments").

Zur Tiefenpsychologie gehören vor allem Freud und auf ihn zurückgehende Theorien, auch C. G. Jungs analytische Psychologie. Sie alle haben sich an der Diskussion um Religion und Persönlichkeit beteiligt. Dazu ebenfalls weiter unten im Abschnitt „Tiefenpsychologie".

Die humanistischen Theorien sind holistisch orientiert und betonen persönliche Erfahrung, Reifung und Selbstverwirklichung. Carl Rogers als der vielleicht wichtigste Repräsentant meint, daß Selbstverwirklichung bedeute, den in der Persönlichkeit begriffenen Möglichkeiten Ausdruck zu verleihen. Er hat die sog. klientenzentrierte Therapie entwickelt. Ebenfalls in dieser Richtung arbeitet Abraham Maslow.

Die Lerntheorien gehen wesentlich davon aus, daß das Individuum durch soziale Verhältnisse sowie Belohnung und Strafe in der sozialen Gemeinschaft bestimmt ist. Es gibt unterschiedliche

Ansätze. B. F. Skinner vertritt eine ziemlich radikale Richtung, die die Bedeutung der Umwelt als am größten und die innerpsychischen Faktoren als gering ansieht. John Dollard und Neal Miller sind von der Tiefenpsychologie beeinflußt und heben die Bedeutsamkeit frühen Erlernens hervor. Die Internalisierung von Modellen (modelling; Begriff bei Albert Bandura und R. H. Walters) geht auf das menschliche Vermögen zur Imitation favorisierter Modelle zurück. Dies kommt in gewisser Weise der Rollentheorie sehr nahe.

Die gesunde und die kranke Seele

In seinem klassischen Werk *The Varieties of Religious Experience* (1902) befaßt sich William James ausführlich mit dem religiösen Reifungsprozeß. In diesem Zusammenhang stellt er für die Persönlichkeit eine deskriptive Dichotomie auf: die gesunde und die kranke Seele.

James sieht zwei Wege zur religiösen Reife, den der gesunden und den der kranken Seele (die beiden Begriffe sind hier nicht wertend, sondern lediglich beschreibend gebraucht). Die gesunde Seele ist optimistisch, extrovertiert und unreflektiert, theologisch gewöhnlich liberal, die religiöse Reife tritt allmählich ein. Das Verhältnis zur Religion ist gewöhnlich oberflächlich. Der kranke Typus dagegen hat Anfechtungen und Schwierigkeiten, leidet und neigt zu Pessimismus und Introvertiertheit. Er drückt sich meistens in einer eher fordernden, zu überhöhten Maßstäben und drastischen Schritten neigenden Theologie aus. Die Reife läuft nicht gleichmäßig, sondern schubweise ab. Visionen und starke Erlebnisse sind nicht ungewöhnlich. Der kranke Typus ist prädestiniert für dramatische Bekehrungen. Ein Beispiel ist der englische Baptist John Bunyan (17. Jh.) mit seiner bekannten Allegorie *Die Reise des Christen*.

Unter Bekehrung versteht James einen plötzlichen oder schrittweisen Prozeß, durch den eine am Gewissen kranke Psyche Frieden und Freiheit erlangt. In der Bekehrung können ganz unterschiedliche Momente einander folgen: Unruhe, Krisenkulmination und ein Gefühl von Frieden, Freiheit und innerer Harmonie.

James beschreibt zwei Typen von Bekehrung: Den Willenstypus und den der Selbstaufgabe. Beim ersten geschehe der Prozeß schrittweise, wobei ein neues System geistlicher Gewohnheiten aufgebaut werde. Beim Typus der Selbstaufgabe brechen unbewußte Kräfte immer stärker hervor, und es komme zu einem Kampf, in dem die eigenen Willenskräfte des Menschen keinen Widerstand mehr leisten können. Mit der äußersten Ermüdung komme es zur psychischen Kapitulation, an die sich gewöhnlich Frieden für die Persönlichkeit anschließe. Die Selbstaufgabe sei Voraussetzung für das Bekehrungserlebnis. Die kranke Seele könne daher zur Kategorie der „zweimal Geborenen" (twiceborn) gerechnet werden. Die anderen wären dann die „einmal Geborenen".

Hans Åkerberg (Lund) setzt sich dafür ein, die Religionspsychologie überhaupt auf James aufbauen zu lassen. Er selbst hat dessen Bekehrungstheorien bei der Analyse der geistlichen Reifung Nathan Söderbloms angewandt. In seiner Dissertation (1975) hat er alles Archivmaterial, das mit Söderbloms geistlicher Entwicklung zu tun hat, genau durchgesehen, beschreibt sorgfältig das Aufwuchsmilieu und die Beziehung zu Vater und Mutter. Söderblom selbst sprach nicht gerade von einer Bekehrung, hatte aber Anfang des Jahres 1890 einen konkreten Wendepunkt in seinem geistlichen Leben. Åkerberg findet die von James beschriebenen Momente wieder und rechnet Söderblom zum Willenstypus. Damit könne man Söderbloms Erlebnis religionspsychologisch als Bekehrung beschreiben und ihn im Sinne der Theorie als „zweimal Geborenen" ansehen.

Religiöse Sentiments

Für die Jamessche Linie der Religionspsychologie ist Gordon W. Allport besonders zu erwähnen. In seiner Arbeit *The Individual and his Religion* (1950) entwickelt er eine Persönlichkeitspsychologie mit Blick auf religiöse Faktoren. Schon in der Studie *Personality* (1937) hatte er sich mit der Bedeutung der Religion für die Persönlichkeit befaßt. Er spricht von reifer und unreifer Persönlichkeit und beschreibt die reife folgendermaßen:

1. „Experimentierendes" Ich. Die Persönlichkeit erweitert laufend ihre Interessen über die nächstliegenden körperlichen Bedürfnisse hinaus.
2. Ich-Objektivierung. Verständnis für sich selbst und Humor.
3. Homogene Lebenseinstellung, nicht unbedingt religiös und auch nicht wohlformuliert und universell.

Allport entfaltet dann 1950 die Idee vom religiösen Sentiment, einer Totalität von Gedanken und Gefühlen, die auf ein definierbares Wertobjekt gerichtet sind, z. B. Mutter, Vaterland, Schönheit usw. Die Sentiments sind entweder positiven oder negativen Inhalts. Auf die Objekte des Sentiments geht Allport nicht näher ein, sondern bezeichnet dieses als Sinnzustand, der Bestand hat, während Objekte und Werte variieren.

Das reife religiöse Sentiment ist eine auf Erfahrung aufbauende Bereitschaft, positiv und konsequent auf begriffsmäßige Objekte und Prinzipien zu reagieren, denen das Individuum äußersten Wert für sein Leben beimißt und die es als unveränderlich und zentral in der Existenz betrachtet. Die Kriterien für das reife religiöse Sentiment sind nach Allport folgende:

1. Differenzierung: Glaube und Kirche werden nuanciert und kritisch betrachtet und sowohl Positives als auch Negatives in ihnen gesehen. Jemand mit undifferenziertem Sentiment bejaht die Religion unkritisch und will Mängel im Glaubenssystem nicht zugeben. Das führt zu verdrängten Konflikten, Angst und Vorurteilen. Das religöse Sentiment wird niemals wohldifferenziert, wenn nicht der einfältige Kinderglaube einer reflektierteren Weltanschauung weicht.
2. Die reife Religiosität ist ein Motiv in sich selbst. Auch wenn die religiösen Triebkräfte teils im Triebleben des Körpers begründet sind, arbeitet die reife Religiosität als ihr eigner Motivationsfaktor. Diese funktionale Autonomie sieht Allport

als Hauptunterschied zum unreifen religiösen Sentiment an. Die unreife Religiosität ist nämlich mehr Diener als Herr, und ihre Triebkräfte sind mehr die Bedürfnisse und Wünsche des Körpers.

3. Moralische Konsequenz: Ein unreifes religiöses Sentiment kann zu vorübergehenden moralischen Verbesserungen führen, das reife aber hat einen konsequenten leitenden Einfluß auf die Lebensweise. Nach Allport kann ein hohes ethisches Niveau ohne stützendes religiöses Sentiment auf Dauer nicht gehalten werden.
4. Allseitigkeit: Das reife Sentiment fordert eine universelle Lebenseinstellung, die unterschiedliche Erfahrungen – negative wie positive – vereint. Es ist tolerant und erkennt an, daß andere ebenfalls an der Wahrheit Anteil haben können.
5. Vereinigender Charakter: Das reife religiöse Sentiment erstrebt ein integratives, harmonisches Lebensmuster, gibt aber zu, daß dies womöglich nie vollkommen erreicht werden kann. Es erkennt Mysterien und belastende Fragestellungen im Leben an, verfällt aber nicht auf Primitivlösungen, die der Realität Gewalt antun.
6. Heuristischer Charakter: Die reife Religiosität ist auf der Suche und tastet sich vorwärts. Völlige Sicherheit gibt es für sie nicht, aber sie arbeitet trotzdem ehrlich. Der Zweifel ist sozusagen des Glaubens Schmied.

Nach Allport entwickelt sich die Religiosität des reifenden Individuums langsam. Das Kind wendet die internalisierten Verhaltensweisen an, ohne deren Inhalt immer zu begreifen. Der Ausgangspunkt für sein Handeln liegt oft in ihm selbst. Später, bei höherer biologischer Reife, versteht das Kind größere Zusammenhänge und setzt sich zu ihnen in Beziehung. Im Jugendalter hat es das Bedürfnis, Religion selbst zu erproben und damit von Erfahrungen aus zweiter Hand zu eigenen überzugehen: Es beginnt selbst zu denken. Diese Phase ist nach Allport wichtig für die Entwicklung des reifen religiösen Sentiments. Der reife Glaube bildet sich nämlich mühsam in Wechselwirkung von Zweifel und Glauben heraus. Erfahrungen der Bestätigung für den Glauben wie z. B. Gebetserhörung bestärken die reifende Religiosität.

Später spricht Allport statt von reifer bzw. unreifer von intrinsischer bzw. extrinsischer Religiosität. Auf diese Begriffe kam er bei der Untersuchung von Vorurteilen und religiöser Orientierung. Er bemerkte, daß Kirchenbesucher in den USA im Vergleich zu Nichtkirchgängern stärkere Vorurteile z. B. gegenüber Schwarzen und anderen Minderheiten aufwiesen, jedoch mit Ausnahme einer Gruppe unter ihnen, die deutlich weniger Vorurteile als alle anderen aufwies. Allport unterscheidet daher verschiedene Typen von Kirchgängern. „Intrinsisch" und „extrinsisch" hält er für zwei Extreme einer Skala, wobei die meisten sich irgendwo in der Mitte befinden. Dies untersuchte er mit verschiedenen Tests, wobei diejenigen mit konsequent intrinsischer (reifer) Religiosität die wenigsten Vorurteile aufwiesen. Die meisten Vorurteile hatten diejenigen, die positiv zur Kirche eingestellt waren und für die ihre Religion eine entscheidende Rolle spielte. Diejenigen mit konsequent extrinsischer (unreifer) Religiosität fallen also bezüglich ihrer Vorurteile zwischen diese beiden Gruppen.

Allport nimmt an, daß Menschen mit ungeordneter Gedanken- und Gefühlswelt sich nicht geborgen fühlen können. Wegen ihrer diffusen Angst neigen sie dazu, sich mit einer nicht verarbeiteten und integrierten Religionsform zu trösten. Für diesen extrinsischen Typus mildere die Religion eine grundsätzliche Angst und werde so zum Nutzwerkzeug. Sie gebe Trost, Sicherheit, evtl. auch Status. Man wende sich Gott zu, ohne sich eigentlich von sich selbst abzuwenden.

Der intrinsische Typus lebt nach Allport seine Religion aus, will den Glauben ganz verinnerlichen und danach leben. Die Religion wird zum Leitmotiv, dem sich die anderen Bedürfnisse unterordnen. Sie wird ein Ziel in sich selbst.

Allports Distinktion hat besonders die amerikanische Forschung beeinflußt, wo man die Religious Orientation Scale (ROS) angewendet hat, mit der gerade intrinsische und extrinsische Religiosität erfaßt werden sollen. Da diese Skala relativ gut erprobt ist, kann sie sich gut mit anderen alten und neuen Skalen messen. Beim Studium intensiver religiöser Erlebnisse in Finnland habe ich sie selbst zur Erhebung der beiden Mystikfaktoren verwendet (s. o.). Der allgemeine Mystikfaktor stand dabei in einer schwachen Korrelation mit extrinsischer Religiosität und in gar keiner Korrelation zur intrinsischen. Der religiöse Mystikfaktor dagegen korrelierte stark mit intrinsischer Religiosität, nicht aber mit extrinsischer.

Später sind Allports Distinktionen mehrmals kritisiert worden, u. a. in der amerikanischen Zeitschrift *Journal for the Scientific Study of Religion,* und es sind neuere Vorschläge zur Klassifizierung von Religiosität gemacht worden. R. O. Allen und B. Spilka unterscheiden zwischen konsensueller (allgemeiner, unreflektierter) und engagierter (committed) Religiosität. Letztere ist differenziert, offen selbstkritisch und abstrakt. Man hat eine persönliche Meinung in religiösen Fragen, und diese sind zentral im Leben. – Die konsensuelle Form ist das Gegenteil: unkritisch, eher privat und unreflektiert, verbunden mit Zustimmung zu Ansichten anderer.

C. Daniel Batson und sein Forscherteam haben Allports Kategorisierungen ebenfalls weiterentwickelt. Sie nennen drei Richtungen:

1. Zielgerichtet hinsichtlich der Zustimmung zu religiösen Glaubensaussagen und des Engagements im Gottesdienstleben.
2. Fragend hinsichtlich der Offenheit und Kritik in der Auseinandersetzung mit den existentiellen Fragen.
3. Nutzorientiert, Gebrauch der Religion als Mittel zur Erreichung der verschiedenen egoistischen Wünsche.

Zu beachten ist sicher, daß die psychologische Anwendung solcher Skalen keine positive oder negative Wertung bedeutet. In der Wissenschaft dienen sie der Beschreibung. Kritisch wird gegen diese gesamte persönlichkeitspsychologische Schule eingewandt, daß sie nicht zu kausalen Erklärungen kommt, sondern nur Charakterzüge sichtet und zu anderen Variablen in Beziehung setzt. An sich ist aber auch das für die Religionspsychologie von großem Nutzen. Ferner wird kritisiert, daß die Skalen eine amerikanische, theologisch recht liberale Richtung widerspiegeln. Werturteile in Kirchen und Konfessionen könnten in verschiedenen Ländern und Erdteilen unterschiedlich sein. Daher sei die Erprobung der Skalen in verschiedenen Kulturen besonders wichtig.

Hier sei noch Abraham Maslows Beschreibung der sich selbst verwirklichenden Persönlichkeit erwähnt: Die inneren Bedürfnisse und Motive beim Menschen können nach ihm hierarchisch geordnet werden. Ganz unten stehen die rein biologischen Bedürfnisse: Essen und Trinken. Es folgen Sicherheit und Geborgenheit, weiterhin Liebe und Zusammengehörigkeit sowie Geschätztwerden und Selbstverwirklichung. Ganz oben steht die von Maslow sog. Transzendenz: Sie reicht weiter als die Selbstverwirklichung und hat also mit Religiosität zu tun.

Für den sich selbst verwirklichenden Menschen sind nach Maslow naher Kontakt mit Wirklichkeit und Natur charakteristisch. Er hält Gegensätze aus und überbrückt Unsicherheit. Er bejaht ferner sich selbst und andere, zeigt Spontaneität und Kreativität und ist im sozialen Handeln auf Probleme ausgerichtet. Viele dieser Personen haben auch sog. „peak experiences" (s. o. im Abschnitt über Mystik).

Rollen-Mensch und Lehren-Mensch

Wie gesagt, unterstreicht Sundén in seiner Religionspsychologie gern die Bedeutsamkeit der Internalisierung sowie der Rollen. Er unterstreicht, daß im Grunde keine religiösen Erlebnisse ohne vorheriges Erlernen von Modellen vorkommen, in denen mythische oder historische Personen mit Gott umgehen. Aber Religion enthält nicht nur Rollenerzählungen, sondern weitgehend auch Dogmen, Gebote und Lehrsätze. Die Kirchen haben in der Geschichte oft mehr die Lehre als die Rollen betont. Von diesen beiden Traditionsinhalten her entwickelt Sundén eine Distinktion zwischen Lehren- und Rollen-Mensch:

Der Lehren-Mensch eignet sich aus der religiösen Tradition die Dogmen, Ge- und Verbote an und arbeitet diese oft zu einer scharf durchgezeichneten Lebensanschauung aus. Das zeigt sich z. B., wenn jemand ängstlich an der reinen Lehre festhält, auch wenn dies seinen persönlichen Untergang bedeutet. Kompliziertes und Differenziertes hält er schwer aus, zieht das Bekannte, Bestimmte und Regelmäßige vor und neigt zur Schwarzweißmalerei. Bei Stellungnahmen hält er starrsinnig an seiner Ansicht fest und ist oft unzugänglich für neue Argumente, zeigt also eine gewisse Rigidität und Steifheit. Dieser Frömmigkeitstypus mit seiner strikt formulierten Welt- und Lebensanschauung läßt sich als „Gehäuse“ bezeichnen. Einmal angeeignet, befreit er die Person von weiterer Auseinandersetzung mit dem Leben und dessen Verhältnissen.

Nach Sundén beruht die Gehäusementalität nicht nur auf Rigidität, sondern sie ist auch Folge einer religiösen Erziehung, die vor allem auf Unterwerfung des Kindes zielt. Dies erinnert an Sundéns Ausführungen über die allzu sicheren Traditionsvermittler. Die mit einer solchen Erziehung erzeugte Feindseligkeit wird verdrängt und drückt sich später in der Verurteilung Andersdenkender aus, die die eigenen unbearbeiteten Bindungen und Gefühle zu bedrohen scheinen.

Der Rollen-Mensch interessiert sich weniger für Lehrformeln. Er nimmt Gottes Rolle aus der biblischen Tradition recht unbehindert auf und formt mit ihr sein Wahrnehmungsmuster für die Welt. Bei Übernahme einer Menschenrolle aus der Tradition hat er eine persönliche Erwartung von Gottes Handeln. Geht diese in Erfüllung, hat offensichtlich Gott an ihm gehandelt. Er lernt Gott als handelnde Persönlichkeit kennen, entwickelt also eine persönliche Gottesbeziehung, die sich mit der Situation verändert. Das erfordert Flexibilität. Nach Sundén gibt es in Skandinavien wahrscheinlich viele Rollenmenschen, die ihre Rollenorientiertheit aus Angst, als Nonkonformisten gebrandmarkt zu werden, nicht offen zu zeigen wagen.

Seine Dichotomie hat Sundén weiterentwickelt und bringt sie in einem Koordinatensystem mit zwei Achsen unter. Die eine reicht vom „Einheitserlebnis“ bis zu „Gott als nur Gedachtem“, die andere von „Gehäuse“ bis „Confessio“. Die Confessio ist geprägt von Offenheit und Freiheit dem Dogma gegenüber und rei-

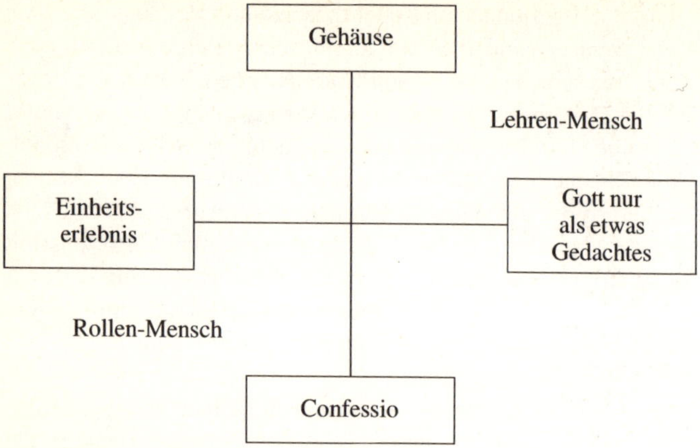

Aus Sundén: Die Religion und die Rollen, S. 341

bungsloser Aneignung von Glauben und Ritus. Sundén hält das Schema auch hinsichtlich anderer Religionen als dem Christentum für anwendbar.

Tiefenpsychologie

Psychoanalyse

Freud hat seine Psychoanalyse zu Beginn dieses Jahrhunderts entwickelt. Bezeichnend sind extremer Determinismus mit Betonung des genetischen Aspekts, eine biologische Instinktlehre, eine Theorie über unbewußte Abläufe sowie die Annahme einer zielgerichteten Dynamik in allen Abläufen.

Im späteren 19. Jh. entwickelte sich die Medizin rasch weiter. Man bekam die Krankheiten pharmakologisch in den Griff, Chirurgie und Bakteriologie machten gute Fortschritte, und vor allem Charles Darwin trug zur Durchsetzung der Evolutionstheorie in der Biologie bei. Freud übernahm viel von diesen naturwissenschaftlichen Erkenntnissen und versuchte, diese auch auf die psychischen Mechanismen beim Menschen anzuwenden. Er sah keinerlei Verhaltensweisen als zufällig an, sondern wollte alles auf phylogenetische (menschheitsgeschichtliche) oder ontogenetische (die Entwicklung des Individuums betreffende) Faktoren zurückgeführt sehen. Die frühkindlichen Erlebnisse sind daher in Freuds Theorie von großer Bedeutung.

Freud postulierte einen als **Libido** bezeichneten Trieb beim Menschen, der die Sexualität umfaßt, aber über sie hinausgeht. Neu war Freuds These, daß auch Kinder im frühesten Stadium eine Libido haben und diese durch Reizung bestimmter erogener Zonen befriedigt werden kann. Freuds Stadieneinteilung wurde bereits kurz behandelt. Stimulansüberfluß oder -mangel in irgendeinem der Stadien beeinflußt die Persönlichkeit das ganze Leben hindurch.

Es gibt daher nach Freud eine orale Persönlichkeit. Kennzeichen ist ein „ich darf", d. h. ich darf mich mit Essen, Trinken usw. befriedigen. Dies geht auf die Art des Kleinkindes zurück, durch den Mund Genuß und Sättigung zu erfahren.

Für die anale Persönlichkeit ist ein „ich kontrolliere" typisch, d. h. ich kontrolliere mich selbst und die Umwelt, um dann bei Nachlassen der Spannung Genuß zu erfahren. Dies rührt daher, daß das Kind mit 2–3 Jahren durch den Prozeß des Stuhlgangs lernt, sich selbst und seine nächste Umgebung zu kontrollieren.

Die phallische Persönlichkeit erlebt sich selbst vor allem als Mann bzw. Frau. Dies liegt bei Jungen im **Ödipuskomplex** bzw. bei Mädchen im **Elektrakomplex** (im Alter von jeweils 4–5 Jahren) begründet. Dabei werden Rivalität zum gleichgeschlechtlichen und Hingezogenheit zum andersgeschlechtlichen Elternteil empfunden. Die Entwicklung während der phallischen Phase ist wichtig: Eine Fixierung führt zu lebenslanger Rivalität mit Menschen gleichen Geschlechts. Wichtig ist eine allmähliche Identifikation mit dem gleichgeschlechtlichen Elternteil, um einer schwachen Geschlechtsidentität vorzubeugen.

Später, nach dem ersten Weltkrieg, postulierte Freud außer der Libido auch einen Todestrieb (Thanatos) beim Menschen. Dieser sollte zu Aggressivität und zerstörerischem Handeln führen und Ausdruck sein für die Tendenz alles Lebenden, am Ende wieder zu Staub zu werden.

Am bezeichnendsten für Freuds System ist allerdings die Betonung der unbewußten Prozesse. Gewiß war schon vorher vom Unbewußten gesprochen worden, aber es hatte innerhalb der Psychologie und der Psychiatrie noch keine systematische Anwendung des Begriffs gegeben. In Freuds Theorie steht er an zentraler Stelle.

Freud sah die Libido als im Unbewußten wirksam an und sieht dort ein Kraftzentrum, in dem sie freien Auslauf hat oder gebunden ist. Es gibt wahrnehmbare psychische Prozesse, aber auch latente, die nicht ins Bewußtsein gelangen. Unbewußte Prozesse drücken sich nach Freud in neurotischen Störungen, Träumen, Versprechern und überhaupt in psychopathologischen Störungen aus. Den „Sinn" solcher unbewußten Prozesse zu deuten, ist nach Freud die wichtigste Aufgabe der Therapie. Kommt man den Bindungen der Libido im Unbewußten auf die Spur, lassen sich auch die dadurch verursachten Störungen beheben.

Freuds Sicht der menschlichen Psyche wird gewöhnlich anhand unterschiedlicher Systeme strukturiert. **Topographisch** gesehen besteht die Psyche aus dem Unbewußten, dem Vorbewußten und dem Bewußten. Vom Unbewußten haben wir gewöhnlich keinerlei Kenntnis, des Vorbewußten können wir bewußt werden, wenn wir darauf aufmerksam werden, und vom Bewußten haben wir klare Kenntnis.

Etwas später hat Freud das von ihm sog. **strukturelle** Modell entwickelt. Die zentralen Begriffe sind Es (id), Ich (ego) und Überich (superego). Das Es stellt den biologischen Bereich dar mit Libido, Sexualität, Aggressivität usw. Es wirkt nach dem Lustprinzip, sucht also unmittelbare Befriedigung. Man kann es als fordernd, impulsiv, blind, irrational, asozial und selbstsüchtig bezeichnen.

Das Überich ist die moralische Instanz beim Menschen und vor allem durch die Erziehung geprägt. Es versucht, die blinde Befriedigungssucht des Es zu bezähmen, sagt, was recht und unrecht ist, verurteilt manche Impulse und Verhaltensweisen und fördert andere.

Das Ich schließlich sucht Verwirklichung, zwischen den beiden anderen Instanzen „eingekeilt“. Es ist realitätsorientiert. Abhängig von den Forderungen des Überich und den Impulsen des Es kann es sich entweder leicht oder schwer Ausdruck verschaffen. Bei stark zu Verurteilungen neigendem Überich kann es für das Ich zu Schwierigkeiten kommen, die zuweilen in psychischen Störungen zum Ausdruck kommen.

Zum Verständnis der Psychoanalyse sind ferner die Schutzmechanismen zu erwähnen. Der Kampf des Ich zwischen Überich und Es führt zum Aufbau von Schutzmechanismen, um das Ausbrechen von Ängsten zu verhindern. Unbewußt werden daher Wege zur zumindest teilweisen Veränderung der „Wirklichkeit“ gebahnt. Der wichtigste dieser Mechanismen ist die Verdrängung, d. h. die intrapsychischen Konflikte werden unbewußt. So können z. B. Haß und Feindseligkeit gegen nahe Angehörige unterdrückt und an das Unbewußte gebunden werden. Damit sind diese Gefühle jedoch nicht aus der Psyche entfernt, sondern wirken dort und können sich in Träumen, Wahnvorstellungen und Neurosen äußern. Andere Schutzmechanismen sind z. B. Leugnung, Isolierung (die emotionale Aufgeladenheit wird vom unmittelbaren Konflikt isoliert), Reaktionsbildung (Entwicklung von Zügen, die denen entgegengesetzt sind, die man nicht akzeptieren kann), Rationalisierung (Finden eines Motivs, das nicht das Eigentliche ist), Projektion (eigene Impulse und Motive werden auf andere Menschen in der Umgebung projiziert) und Regression (Einnehmen einer kindlichen Haltung, um Verantwortung aus dem Weg zu gehen).

Den Schutzmechanismen ist gemeinsam, daß die Wirklichkeit so „frisiert“ wird, daß die für das Ich notwendige Angstreduzierung eintritt. Dabei kann vieles als normale Weise, sich Problemen zu nähern, angesehen und geeigneterweise als Anpassungsmechanismen bezeichnet werden. Erst wenn diese in größerem Ausmaß auftreten, führen sie zu neurotischen Konfliktlösungen wie Depressionen, irrationaler Angst, Phobien, Zwangsgedanken und -handlungen sowie Hysterien (unterschiedliche motorische, sensorische oder sensible Störungen, die weder ihren Ursprung im zentralen Nervensystem haben noch sich dort symptomatisch auswirken). Neurotiker verwenden viel von ihrer Energie auf die „Umleitung“ inakzeptabler Impulse, so daß für konstruktives Handeln und positive Kontakte mit anderen Menschen wenig Kraft bleibt.

Verfolgungswahn wird in der Psychoanalyse oft als mißglückte Verdrängung homosexueller Neigungen gedeutet. Ist jemand in einen anderen Menschen von gleichem Geschlecht verliebt, wird dies oft geleugnet und in Feindschaft gegen den betreffenden Menschen sublimiert, der dann als Verfolger erlebt wird.

Regression in die anale Phase drückt sich als Zwangsneurose auf gedanklicher und handlungsmäßiger Ebene aus. Eine solche Person wird oft pedantisch und gewissenhaft. Regression in die phallische Phase verursacht Hysterien und Phobien. Dabei müssen Ängste im Zusammenhang mit dem Ödipus- bzw. Elektrakomplex bezähmt werden.

Für krankhafte Ausdrücke psychischer Konflikte hält die Psychoanalyse Behandlungsmethoden bereit. Freud selbst hat anfangs Hypnose angewendet, ging später aber zum Grundsatz der freien Assoziationen über, ließ also den Klienten auf einem Sofa liegen und sich frei äußern. Eine andere Methode, jemandes Psyche zu erreichen, ist die Traumdeutung, durch die der Therapeut von den unbewußten Problemen und Bedürfnissen des Klienten Kenntnis erhält. Aus Freuds analytischer Theorie ist eine Gesprächstechnik, die Psychotherapie im engeren Sinn, hervorgegangen. Heute gewährt man dem Klienten entweder volle Kenntnis der psychischen Konflikte oder beschränkt sich darauf, ihm mit einer realistischen Konfliktlösung in der jeweiligen Situation zu helfen.

Der Psychoanalyse liegt im Prinzip eine recht umfangreiche Theorie zugrunde. Freud selbst hat seine Gedanken sein ganzes Leben lang weiterentwickelt. Andere nach ihm haben bei bestimmten Teilen des Systems angesetzt und es auf eigene Weise weiterentwickelt. Die tiefenpsychologische Schule ist daher heute sehr weit gefächert und läßt sich schwerlich auf engem Raum präsentieren. Das Gesagte muß daher als äußerst kurze Einführung in die Forschungsrichtungen gelten, die weiter unten vorgestellt werden. Zuvor aber noch einige Worte über Freuds

Ansicht über Religion: Freud hat sich mit diesem Thema in mehreren Arbeiten auseinandergesetzt. Er erklärt seine Theorien nicht selten anhand von Fallbeispielen aus dem religiösen Bereich oder von Religion als Phänomen überhaupt. Freud war der Herkunft nach Jude und hatte ein paar Jahre lang ein katholisches Kindermädchen, übte aber als Erwachsener eigentlich keinerlei Religion aus. Er sah sie als Gegensatz zur Wissenschaft an. Mit dem Durchbruch von Aufklärung und Psychotherapie würde sie verschwinden.

In *Zwangshandlungen und Religionsübungen* (1907) behandelt er die Religion als Phänomen parallel zur Zwangsneurose. Der Zwangsneurotiker wie auch der Religiöse führen bestimmte „Riten" aus, um die Ängste fernzuhalten. In *Totem und Tabu* (1913) greift Freud in die Diskussion um den Totemismus als grundlegendem Phänomen der Religion ein. Er proklamiert eine Urhorde, in der der Vater große Macht hat. Die Söhne lehnen sich auf – der Ödipuskomplex! – und töten den Vater. Dadurch erhalten sie Zugang zu Frauen. Nach der Tat aber bereuen sie und wollen Versöhnung. Der Vater wird hier apostrophiert, und Riten zu seiner Anbetung entwickeln sich. Er wird m. a. W. Gott, und die Reue führt zu Riten und Anbetung.

In *Die Zukunft einer Illusion* (1927) schließlich betrachtet Freud Religion als Wahnvorstellung. Sie gleicht den Verlust des „allmächtigen" Vaters aus und arbeitet etwa wie ein Traum oder Tagtraum. Sie ist eine kollektive, infantile Fluchtreaktion. In *Das Unbehagen der Kultur* (1930) analysiert er vor allem Schuldgefühle. Hier nimmt er den Todestrieb an und sieht die Religion als Mittel, diesen in Schach zu halten. Freuds letzte Arbeit *Der Mann Moses und der Urmonotheismus* erschien 1939 kurz vor seinem Tod, als er vor den Judenverfolgungen des Dritten Reiches nach England geflohen war. In seiner Arbeit über Mose will Freud zeigen, daß dieser eigentlich Ägypter war und seinen Monotheismus von dort übernommen hatte. Als historische Studie ist das Werk heute wohl kaum relevant, hat aber doch seinen Wert als psychologischer Beitrag.

Ödipuskomplex

Mehrere Forscher haben in diesem Jahrhundert die psychoanalytische Betrachtungsweise bei der Untersuchung von Religiosität angewendet. Hier will ich nicht die breite internationale Literatur, sondern lediglich ein paar skandinavische Beiträge referieren.

So spielt Erik Homburger Eriksons Studie über Martin Luther eine große Rolle für die psychologische Erforschung des Bekehrungsprozesses. Erikson geht davon aus, daß Luthers ungelöste Konflikte mit dem Vater seinen Schuld- und Angstgefühlen zugrunde liegen. Erst als Luther seine Aggression artikulieren und gegen die Mißverhältnisse in der katholischen Kirche richten konnte, wurde seine psychische Energie frei, und er konnte in der Kirche zum Reformator werden. Vorher war die Aggressivität gegen den Vater in der Psyche gebunden gewesen und hatte bei Luther zu einem überempfindlichen Gewissen geführt.

Sundén hat anhand der Lehre vom Ödipuskomplex die Person des Lars Lewi Laestadius analysiert, den Begründer des Laestadianismus, einer Erweckungsbewegung auf der Nordkalotte. Aufgrund von Laestadius' Aufzeichnungen schließt Sundén auf einen typischen Ödipuskomplex. Die Mutter war aufopfernd, der Vater dagegen hart und grob. Die Mutter stellte im Bewußtsein des jungen Laestadius die sich verzehrende Liebe dar, den aufopfernden, durch und durch gutherzigen Menschen. Die inzestuöse Mutterbindung wird verdrängt und zeitweilig sublimiert. Später, im Zusammenhang schwerer Krankheit, dringt der Komplex ins Bewußtsein. Die Aggressivität richtet Laestadius gegen den Vater, empfindet aber gleichzeitig Schuld. Erst als er die Aggressivität nach außen gegen das Scheinchristentum und das Lasterleben im nordschwedischen Neusiedlermilieu zu richten vermag, werden die Kräfte frei. Er erlebt eine Art Bekehrung bei der Begegnung mit einem Lappenmädchen, das in besonderem Grad das Bild der aufopfernden Mutter bei ihm zum Leben erweckt zu haben scheint. Christus nimmt nun Züge dieser aufopfernden Mutter an. Das Lappenmädchen hat gewissermaßen die Projektion des unbewußten Mutterbildes auf Christus ausgelöst, der nun besonderer Gegenstand der Liebe des Laestadius wird. Er wird zum großen Erwecker in Nordskandinavien, predigt gegen Sünde und Trunksucht und kann bei den Hörern das rechte Bewußtsein für die Sünde wecken, aber auch für die Vergebung in Christus.

Sundén weist darauf hin, daß Christus bei Laestadius in gewisser Weise mütterlich wirkt. Dieser spricht gern vom himmlischen Elternherz und sagt, daß der Mensch „das Versöhnungsblut von Christi Brust saugen" solle. Nach Ansicht Sundéns ist das Fehlen des Marienkultes im Protestantismus möglicherweise für die Projektion mütterlicher Eigenschaften auf Christus verantwortlich. Im Pietismus des 18. Jh. ist nämlich viel vom lieblichen, süßen und allezeit tröstenden Jesus die Rede. Für den Katholizismus vermutet Sundén, daß im gleichen Maß, in dem man in der Lage ist, seine Aggressionen in Kritik an sozialen Mißständen auszudrücken, auch die Marienverehrung abnimmt.

Die Bedeutung des Ödipuskomplexes bei der Bekehrung ist vielfach untersucht worden. Erwähnt seien Joel Allison und K. Bragan. Ihr Grundgedanke ist in Kürze folgender: Die Erfahrungen des Sohnes mit dem Vater sind überwiegend negativ. Die Mutter dagegen erscheint warm, verständisvoll, aufopfernd und beschützt ihren Sohn. Dieser wird abhängig von der Liebe der Mutter und lernt, sie gegen seinen Vater einzusetzen. So kommt es bei ihm zu einem schwachen Männervorbild und wenig ausgeprägter männlicher Identität. Dies kann zeitweise während der Adoleszenz und im frühen Erwachsenenalter kompensiert werden.

Etwa in den letzten Jahren vor Vollendung des 20. Lebensjahres findet ein Befreiungsprozeß statt, eine Art Protestaktion gegen die Familienstruktur. Der Sohn pflegt eifrigen Umgang mit Frauen und Alkohol, wobei Aggressivität und Selbstbehauptung im Vordergrund stehen. Der junge Mann sucht aber eine weibliche Identifikationsfigur, die in irgendeiner Weise die Mutter repräsentieren soll. An dieser Stelle können die Kirche mit ihrer intensiven Gemeinschaft oder eine religiös orientierte Frau Einfluß erlangen, eine Bekehrung findet statt. Die Rolle der pflegenden Mutter wird von der Geliebten und im weiteren Sinn von der intimen religiösen Gruppierung übernommen; dort gibt es emotionale Wärme und Verständnis. Der väterliche Anteil des Gottesbildes kann hier stärker und Gott zu einer Art Vaterersatz werden. So gesehen kann also der Bekehrungsprozeß für das Individuum heilsam sein. Er verläuft aber nicht immer dermaßen glücklich. In manchen Fällen ist die Bekehrung nur eine zeitweilige Flucht in eine fürsorgliche Gemeinschaft in der Gemeinde, ohne daß eine psychische Heilung eintritt.

Sundéns klinisch orientierter Ansatz ist besonders von Owe Wikström in Uppsala übernommen worden. In einer Arbeit mit dem Titel *Stöd eller börda?* (Stütze oder Bürde) behandelt er ausführlich die Literatur über das Verhältnis von Religion und psychischer Krankheit und dabei nicht zuletzt die tiefenpsychologischen Beiträge. Ein eindeutiger Zusammenhang ist natürlich nicht feststellbar, sondern die Religion hat zuweilen stützende Wirkung und heilende Funktion oder verursacht auch psychische Krankheit, gewissermaßen ekklesiogene Neurosen.

Wikström hat die Pschoanalyse bei der Behandlung einer ekklesiogenen Aerophobie angewandt. Ein Mann war in einem von intensiver Frömmigkeit geprägten Milieu aufgewachsen, in dem besonders Predigten über die letzten Dinge an der Tagesordnung waren. Bei einer Zusammenkunft, auf der Israels Krieg im Nahen Osten mit Christi Wiederkunft in Verbindung gebracht wurde, bekam der etwa Sechsjährige heftige Angst, die Eltern zu verlieren. Diese sollten ja dann der Theologie gemäß zu Jesus entrückt werden. Die ödipale Bindung an die Mutter mußte nun zur Fernhaltung der Angstimpulse gestärkt werden.

Als Erwachsener versuchte er, sich von der erdrückenden Religiosität des Elternhauses freizumachen. Er verliebte sich in eine Frau und heiratete sie. Als in den Nachrichten erneut von Kriegsgefahr im Nahen Osten die Rede war, entwickelte der Mann eine Aerophobie. Er wurde arbeitsunfähig und mußte wieder zu seiner Mutter ziehen, so daß sich erneut ein unmittelbarer Kontakt ergab. Bei der Analyse entdeckte Wikström, daß der Mann den „Geist, der weht, wo er will", sehr konkret mit dem

Wind verknüpft hatte. Bei jedem Sturm wurde also die Angst vor Vereinsamung aktualisiert. Das kognitive religiöse System mit der Rede vom Wind des Geistes, von Israel und Jesu Wiederkunft wurde also kombiniert mit der ödipalen Abhängigkeit, und die Phobie kam auf. Die Frau des jungen Mannes war dabei Mitauslöser des Angstsymptoms.

1987 habe ich die Religiosität des åländischen Volksautors Joel Pettersson religionspsychologisch untersucht. Joel Pettersson war ein Künstler, der in den 20er und 30er Jahren nahezu autodidaktisch schöne Gemälde malte und viel schrieb, wovon jedoch recht wenig zu seinen Lebzeiten erschien. Teile seines Werks wurden später in Buchform herausgegeben. Sehr viel davon handelt von Religion und Kirche. Als Kind hat er offensichtlich einen typischen Ödipuskomplex ausgebildet. Die Vaterbeziehung ist schwierig und überwiegend negativ, wogegen die Mutter idealisiert wird. Sie scheint ihn sehr verwöhnt zu haben. Im Konfirmandenunterricht „verliebt" er sich in die Hände des Pfarrers, wird daraufhin fromm und geht oft in die Kirche, was jedoch nicht lange andauert. Etwa mit 20 Jahren bezieht er für knapp zwei Jahre die Zeichenschule in Turku, die er plötzlich abbricht. Er reist heim zu seinen greisen Eltern, denen er auf dem Hof mit der Landwirtschaft hilft. Während der Schulzeit in Turku und direkt danach bejaht er in gewissem Maß seine homosexuelle Neigung und distanziert sich sehr von allem, was mit Religion, Kirche und Gott zu tun hat. Er engagiert sich in der Jugendarbeit und sucht ständig Kontakt zu „lieblichen Jünglingen". Es kommt jedoch zu keinen dauerhaften Freundesbeziehungen, und nachdem ihn die Frau verlassen hat, in die er sich verliebt hatte, wird er immer einsamer und unverstandener. Nun erwacht allmählich erneut die Frömmigkeit in ihm. Er knüpft an die weiblich-umarmende Frömmigkeit aus der Adoleszenzzeit an und wünscht sich einen madonnengleichen Gott. Für Christus, der vor dem Vater das Opferblut zur Versöhnung für die Menschen vergießt, hat er kein Verständnis. Nach dem Tod der Eltern ruiniert er mit harter körperlicher Arbeit seine Gesundheit und verfällt in Psychose. Nur wenige Monate später stirbt er in einer Nervenheilanstalt im Alter von 44 Jahren.

Bei Pettersson sieht man deutlich, wie die Frömmigkeit in der Adoleszenz eine Zuflucht vor erwachender Sexualität und vor der Schwierigkeit mit der Identifizierung als Mann ist. Die geschlechtslose geistliche Haltung, deren Ideal sich in den engelgleichen Händen des Pfarrers verkörpert, wird zur Lösung. Aber das Modell bewährt sich nicht, als die Sexualität sich trotzdem ausleben muß. Da wird dann die Religiosität aufgegeben, und Gott erfährt die allerschlimmsten Projektionen, übler noch als Vater und Mutter. Es kommt jedoch nicht zu einem Reifeprozeß, sondern eine Repression in Richtung der mütterlichen Frömmigkeit tritt ein. So werden die Angstimpulse ausgelöst, die von den früheren Schwierigkeiten herrühren, in die Männerrolle hineinzuwachsen.

Narzißmus

In den letzten Jahren ist man bei der psychoanalytischen Untersuchung von Religion immer mehr von dem von Freud eingeführten Begriff des Narzißmus ausgegangen. Der griechische Sagenheld Narzissos war so sehr in sein Spiegelbild verliebt, daß er ständig sich selbst bewundern mußte. Schließlich verkümmerte er und starb. Narzißmus bezeichnet grob ausgedrückt die Liebe zum eigenen ich. Psychologisch meint man damit Größenwahn, Egozentrizität und mangelndes Interesse für andere.

Der Narzißmus hängt also mit dem Selbstbild des Individuums zusammen. Dieses wird gedacht als abhängig vom frühesten Kontakt mit der Mutter und davon, wie man sich von ihr gelöst hat. Die Mutter stellt in den ersten Monaten für das Kind das All dar, die Ganzheit, diejenige, die alle Bedürfnisse befriedigt. Die Lösung von ihr ist daher mit einem gewissen Schmerz verbunden. Das Kind entwickelt nun möglicherweise einen unersättlichen Hunger nach Bespiegelungsmotiven für sich selbst, um ein grandioses Selbstbild zu errichten, groß zu werden und sich zufrieden zu fühlen. Bei der narzißtischen Persönlichkeit ist das gesamte Leben vom infantilen Größenwunsch geprägt. Das führt oftmals zu extremer Egozentrik und Mangel an Interesse und Einfühlungsvermögen für andere. Durch Idealisierung anderer Menschen sucht der Narzißt Bewunderung. Gleichzeitig vermag er nicht von anderen abhängig zu sein und Trauer und Niedergeschlagenheit zu zeigen. Statt dessen tritt Aggressivität hervor. Um selbst groß zu sein, „manipuliert" der Narzißt sogar die Wirklichkeit, z. B. durch künstlerische Wirksamkeit (Kreativität), Humor und eine allgemeine Art, sich anderen zur Verfügung zu stellen. Der Narzißt ist äußerlich ein angenehmer Mensch. Gott wird für ihn das Objekt, bei dem er Halt sucht, um zu Erfolg, Glanz, Größe, vielleicht aber auch Trost zu kommen. Wird der Narzißmus allmählich krankhaft, ist es möglich, daß die Person sich mit Christus oder gar mit Gott identifiziert.

Der Begriff des Narzißmus entstammt der Entwicklung des Ich-Begriffs in der späteren Psychoanalyse. Freud hat, wie gesagt, das Schema von Ich-Überich-Es aufgestellt. Das Ich ist diejenige psychische Instanz, die die Realität zwischen den Forderungen des Überich und der Aggressivität des Es sucht. Später meinte man, den Begriff des „Selbst" hinzufügen zu müssen, um die ganze Person mit ihren physischen und psychischen Attributen zu bezeichnen. Das Selbst ist gewissermaßen eine übergeordnete Instanz, die Es, Ich und Überich aktiviert. Der Narzißmus ist die Regulierung des Selbstgefühls beim Einzelnen. Es geht um Selbstphantasien und dauerhafte Selbstinszenierungen bei sich selbst und in den Augen anderer. Das Selbst ist mit narzißtischer Energie geladen. Ausdrücke des Narzißmus können Exhibitionismus, Größenwahn, aber auch Schamgefühl sein. Es ist wichtig, darauf hinzuweisen, daß es einen natürlichen Narzißmus gibt, der für Zufriedenheit und gutes Zusammenleben mit anderen notwendig ist.

Heinz Müller-Pozzi analysiert in seinem Buch *Psychologie des Glaubens* (1975) den Glauben vom Narzißmus her. Er zeigt, daß das Symbol Gott ein wichtiger Teil des Lebens werden kann. Diesen Prozeß unterteilt er in drei Stufen:

1. Das Kind löst sich von der allmächtigen Mutter. Durch Identifikation mit den Eltern kann das Kind seine eigene Hilflosigkeit leugnen. Die Macht und Stärke der Eltern wird gebrochen.

2. Neben der Eltern-Idealisierung entsteht beim Kind ein eingebildetes Idealobjekt. Wird das Elternbild realistischer, geht die Idealisierung von den Eltern auf dieses Objekt über.
3. Bietet sich in dieser Phase der Gottesbegriff dem Kind dar, wird er übernommen und die Eltern-Idealisierung auf ihn übertragen. Sowohl Kind als auch Eltern werden erlebt als abhängig von Gott, dem großen Elternwesen.

Das Kind kann nun künftig seine Hilflosigkeit und sein Allmachtsbedürfnis mit Hilfe dieser Gottesvorstellung verarbeiten. Diese ist bei gesunder Religiosität sowohl in der individuellen Entwicklung als auch in einem sozial tradierten System von Symbolen verankert. Das intradynamische System wirkt also mit dem kognitiven Stoff zusammen, den die Religion bereitstellt. Neurotisches Verhalten bedeutet hier, schwere Angstanfälle mit Hilfe von Religion zu kontrollieren. Diese Lösung bleibt immer egozentrisch. Das Problem wird in religiösen Jargon „eingepolstert", der für den unkritischen Zuhörer noch so echt erscheinen mag. Mit der Zeit pflegt dennoch das neurotische Verhalten offensichtlich zu werden.

Carl-Erik Brattemo (Uppsala) hat sich mit dem schwedischen Autor und Führer in der Pfingstbewegung Sven Lidman befaßt. Diesen vergleicht er dabei auch mit Peer Gynt, einer literarischen Figur von Henrik Ibsen. Brattemo hält ein Leben in Größe und Berühmtheit, gepaart mit eiskalter Beobachtung und persönlicher Unberührtheit für Lidmans größten Traum: Hier kommt ein übersteigertes Bedürfnis nach Bespiegelung und Idealisierung zum Ausdruck. Lidman sucht demnach also Spiegelreaktionen bei seinen Mitmenschen, um Trost und Lebensmut zu erfahren. Ferner hat er das Bedürfnis nach einer Mutterfigur. Seine eigene Mutter verlor er früh. Die lebenslange narzißtische Suche nach der Mutter führte nie zu einem Ziel. Statt dessen stellt sich ein Bedürfnis nach Präsentation, Bewunderung und Eleganz ein. Er wird zunächst in jungen Jahren ein berühmter Poet in Schweden, gerät in Krisen, erlebt eine Bekehrung und beginnt, sich in der Pfingstbewegung zu engagieren. Dort wirkt er als großer Redner, Redakteur und Seelsorger, um schließlich mit

Lewi Pethrus und der Pfingstbewegung zu brechen. Pethrus war der unbestrittene charismatische Führer der Pfingstbewegung in Skandinavien. Nach dem Bruch schrieb Lidman seine Autobiographie, nun von neuen Bespiegelungen und Identifikationen her. Gekränkt und seiner Aufgaben enthoben zu werden war ein zentrales Konfliktthema in Lidmans Persönlichkeit, das besonders die Schwierigkeiten in der Pfingstbewegung und vor allem mit Pethrus provozierten.

In einer späteren Studie (1987) untersucht Brattemo Lidmans Kreativität von der Beobachtung her, daß dieser, als er seine besten Dichtungen verfaßte, Depressionen hatte. Psychologisch kann dies als „Zwischenbereich“ in der Psyche gedeutet werden, in dem Spiel und Übergangsobjekt nahe mit der eingebildeten Mutter und der harten äußeren Wirklichkeit zusammenhängen. Die Depression kann als Sehnsucht zurück nach dem Kontakt zwischen Mutter und Kind gedeutet werden, der in frühen Jahren abrupt abriß. Parallelen zu dieser Deutung findet Brattemo bei Esaias Tegnér, einem der größten schwedischen Dichter des 19. Jahrhunderts.

Von der Ich-Psychologie her behandelt Ana-Maria Rizzuto den Gottesbegriff. Ihrer Meinung nach muß man beim Individuum zwischen Gottesbegriff und Gottesrepräsentation unterscheiden. Der Gottesbegriff ist kognitiv und wird von der herrschenden religiösen Kultur bereitgestellt, wogegen die Gottesrepräsentation ein eher emotional eingefärbtes Bild von Gott ist, das von der frühen gefühlsmäßigen Entwicklung des Individuums geprägt ist. Die beiden Begriffe haben natürlich miteinander zu tun, müssen aber aus analytischen Gründen auseinandergehalten werden. Die Gottesrepräsentation ist also als der erlebte Gott des Individuums das, was psychologisch von Interesse ist.

Rizzuto führt den Begriff des Übergangsobjekts ein, der u. a. von D. W. Winnicott entwickelt wurde. Jeder hat während des Heranwachsens Beziehungen zu äußeren Objekten entwikkelt. In der Kindheit kann es sich z. B. um eine kleine Decke, einen Teddybären oder eine Puppe handeln, von denen das Kind um keinen Preis getrennt sein will. Übergangsobjekte sind sie, weil das Kind seine sämtlichen Neigungen und Launen an sie knüpft. Es kann sie beherrschen, verwerfen, bei ihnen Zuflucht suchen, je nach Bedarf. Allmählich läßt das Kind jedoch von ihnen ab und sucht sich andere, in der Regel abstraktere Symbole.

Die Gottesrepräsentation sieht Rizzuto als ein solches Übergangsobjekt an. Man kann ihm Gefühle widmen, Trost finden, sich Kritik und Verurteilung von ihm zuziehen. Die Gottesrepräsentation kann zeitweise fallengelassen und in Krisen- oder Glückssituationen wieder aufgenommen werden. Im Unterschied zum Übergangsobjekt im Kindesalter wächst die Bedeutung der Gottesrepräsentation nach Rizzuto mit zunehmendem Alter. Das hat seinen Ursprung im frühen Mutter-Kind-Verhältnis, in einer Phase, in der der Augenkontakt besonders bedeutsam ist. Mit der Trennung von der Mutter muß die eigene Individualität entwickelt und gestärkt werden. Bei dieser Trennung erhält das Übergangsobjekt seine wichtige Funktion. Die Gottesrepräsentation kann kompensierend wirken, wenn die Mutterrolle nicht gut gedeckt ist. Wichtig für die Ausbildung der Gottesrepräsentation ist der Beginn der Pubertät, wenn das Kind gern Phantasiespiele spielt. Die heilsame Anwendung der Gottesrepräsentation wird im Zusammenspiel zwischen den inneren psychischen Bedürfnissen und der sozial gegebenen Religiosität ausgebildet.

Schließlich soll noch Göran Bergstrand erwähnt werden, der das Verhältnis von religiöser Entwicklung und individueller Reife tiefenpsychologisch untersucht hat, vor allem in Relation zu den Eltern. Er stellt fest, daß sich Vater- und Mutterrolle heute gegenüber früher verändert haben, mit weitreichenden Folgen für Gottesbild und Gottesbeziehung. U. a. wird die frühere autoritäre Vaterrolle durch eine diffusere ersetzt, was sich in ständigen materiellen Wünschen und im Bedürfnis nach Betreuung äußert. Das Gottesbild wird dann von Neid geprägt. Kommt dazu eine frühe Fixierung auf die Mutter, so nimmt Gott mütterliche Züge an, und der alte, patriarchalische Gott wird durch einen mütterlichen, oft recht wenig reflektierten ersetzt. Bergstrand führt die vorher behandelten theoretischen Aspekte weiter und regt damit weitere empirische Forschung an.

C. G. Jungs analytische Theorie

Persönlichkeitstypologie

C. G. Jung hat eine Persönlichkeitspsychologie mit den zentralen Begriffen **Introversion** und **Extraversion** entwickelt. Das extravertierte Individuum orientiert sich an der objektiven Wirklichkeit, an der Welt der Menschen und Sachen außerhalb seiner selbst. Das introvertierte Individuum ist auf das Subjektive, in der innerpsychischen Welt für Außenstehende Unerreichbare hin ausgerichtet. Es geht also um zwei grundsätzliche Richtungen psychischer Energie oder Lebenskraft.

Diese Richtungen verhalten sich nach Jung ausgleichend zueinander, d. h. wer auf der Ebene des Bewußten extravertiert ist, ist auf der des Unbewußten introvertiert und umgekehrt. Die Ausrichtung des Bewußten wird am meisten beobachtet und auch den Mitmenschen gegenüber gezeigt. Auch das Unbewußte ist wirksam und bricht zuweilen zur Verwunderung für einen selbst und für die Nächststehenden hervor. Zeitweise kann also der Extravertierte introvertiert sein. Gewöhnlich erscheint jedoch die unbewußte Ausrichtung in Träumen und symbolischen Darstellungen, z. B. in Kunstwerken.

Zur Persönlichkeitspsychologie gehören noch vier weitere Funktionen: **Denken, Fühlen, Empfinden** und **Intuieren.** Denken bezeichnet die rationalen Erwägungen, die Handeln und Verhalten steuern. Fühlen ist Ausdruck für die Bewertungen, die man aufstellt oder zu denen man kommen will. Verurteilung und Akzeptanz hängen von angenehmen bzw. unangenehmen Erlebnissen ab. Empfinden ist das direkte Wahrnehmen vermittels der Sinnesorgane. Intuieren schließlich ist direktes Erlangen von oft irrationalen Erkenntnissen und Erfahrungen. Die beiden erstgenannten Funktionen nennt Jung rational, da hier das Individuum beurteilt, die beiden anderen nennt er irrational, da sie in gewisser Weise das Individuum ohne dessen kritisches Urteil erreichen.

Diese vier Funktionen gleichen einander aus, besonders die rationalen und irrationalen paarweise. Wenn z. B. das rationale

Denken bewußt ist, bleibt das Fühlen unbewußt. Dementsprechend ist gewöhnlich die irrationale Empfindung bewußt, die Intuition dagegen unbewußt, und es entsteht ein psychisches Gleichgewicht. Dieses System kann sich jedoch verändern: Die unbewußten Funktionen können hervordringen und die vorher bewußten ins Unbewußte drängen. Diesen Wechsel nennt Jung Enantiodromie, d. h. wechselseitiges Überlaufen. Eine solche psychische Verschiebung kann zeitweise ernsthaft störend sein, die Aktivität lähmen und zu neurotischem Verhalten, zuweilen auch zu Psychose führen.

Sundén hat anhand von Jungs Typologie den schwedischen Wissenschaftler und späteren Mystiker Emanuel Swedenborg (18. Jh.) analysiert, den Sohn des Bischofs Jesper Svedberg. Er war zunächst einer der führenden Wissenschaftler seiner Zeit und wurde später zum Mystiker und Träumer. Um ihn entstand eine religiöse Bewegung, die besonders in der angelsächsischen Welt lebendig ist.

Nach Sundén dominiert beim frühen Swedenborg die Denkfunktion, kräftig gestützt auf die irrationale Intuition. Swedenborg erwies sich nämlich als ungewöhnlich kreativer Wissenschaftler, weitblickend und kritisch zugleich. In dieser Zeit waren also die beiden anderen Funktionen, Fühlen und Empfinden, ins Unbewußte verwiesen, traten jedoch später ungewöhnlich deutlich hervor. Swedenborg wurde Visionär und schrieb 1743–44 sein bemerkenswertes *Traumtagebuch*, in dem die wertende Funktion, das Fühlen, klar zum Vorschein kommt, ebenso wie das Empfinden. Swedenborg fühlt nämlich Christus seine Hände ergreifen, sieht seinen Blick, hört diverse merkwürdige Geräusche usw. Die Enantiodromie ist bei Swedenborg also besonders deutlich.

Der Individuationsprozeß

„Individuationsprozeß“ ist Jungs Begriff für das Heranreifen. Wie Freud nahm er ein persönliches Unbewußtes an. Das Studium der Ausdrucksformen der Religionen und die Behandlung von Psychotikern brachten Jung jedoch dazu, die symbolische Gestalt der Ausdrucksformen zu durchdringen, wobei er gewisse Gemeinsamkeiten zwischen verschiedenen Religionen, Kulturen und Individuen fand. Aufgrund dessen proklamierte er ein kollektives Unbewußtes mit für die gesamte Menschheit gemeinsamen Strukturen, die er als Archetypen bezeichnete. Diese sind kollektiv und treten überall auf der Erde als Grundlagen für Mythen und gleichzeitig für die Produkte von Individuen auf.

Im Leben eines jeden Menschen spielt die Religion nach Jung eine große Rolle, besonders im Erwachsenenalter. Der Archetyp Gott tritt immer deutlicher hervor, unabhängig davon, ob sich der Einzelne als religiös bezeichnet oder nicht. Der menschliche Reifeprozeß zielt auf die Integration des Gottesarchetypen. Dieses Ziel nennt Jung auch das **Selbst**. Man kann es als wahres Ich und Wesen des Menschen bezeichnen.

Für das vollendete Hervortreten des Selbst ist die Auseinandersetzung mit verschiedenen archetypischen Strukturen oder Hindernissen erforderlich. In diesem Zusammenhang spricht Jung von der **Persona** (d. i. Theatermaske) als Bild von sich selbst, das man anderen und zuweilen auch sich selbst präsentiert, um anderen zu Gefallen zu sein. Die Persona ist ein Kompromiß zwischen dem Ich und der äußeren Welt und als solcher für das Ich als Schutz notwendig. Starke Identifizierung mit und Idealisierung der Persona können für das Ich problematisch sein und zu Gespaltenheit und damit früher oder später zur Frage führen, wer man eigentlich ist und was man letztlich für eine Aufgabe im Leben hat. Man muß sich dann mit dem unrealistischen Bild der Persona auseinandersetzen, die verdrängten psychischen Strukturen akzeptieren, und psychische Heilung ist erforderlich.

Eine weitere Größe bei Jung ist der **Schatten**, die verdrängten sowohl negativen als auch positiven Seiten der Persönlichkeit. Der Schatten folgt uns ständig und steuert uns, wenn wir unachtsam sind. Er kann böse Absichten enthalten, Flüche, unüberlegte Handlungen, kunstvolle Talente, sexuelle Impulse usw. Meist beinhaltet er das Unvermögen, trotz guten Willens Gutes zu tun. Das Böse folgt uns in jedem Fall, und das Teufelssymbol stellt diesen Schatten dar. Wie man sich mit der Persona auseinandersetzen muß, so muß man den Schatten anerkennen, mit ihm zu leben und sein positives Potential zu sehen lernen.

Weitere Archetypen sind **Anima** (fem.; lat.: Seele) und **Animus** (mask.), das Bild des jeweils anderen Geschlechts. Dic Anima ist das weibliche Bild in der Psyche des Mannes und der Animus das männliche Bild in der weiblichen Psyche. Diese Bilder werden durch Erziehung, Tradition und individuelle Faktoren geprägt und können in hohem Grad unrealistisch werden: Jemand mit einem stark idealisierten Bild vom anderen Geschlecht kann dieses auf eine lebende Person projizieren und sich in sie verlieben, wobei man sich eigentlich in die eigene Anima-/Animusgestalt verliebt. Wird mit diesem falschen Bild nicht aufgeräumt, so wird es erneut auf eine andere Person projiziert, in die man sich heftig verliebt, was später zu Enttäuschung führt, weil auf die Dauer niemand dem idealisierten Bild vom anderen Geschlecht entspricht.

Gegen Ende der Erwachsenenzeit werden zwei weitere Strukturen zu Versuchungen: Bei Frauen ist dies die **Große Mutter**, bei Männern der **Alte Weise**. Die Große Mutter bezeichnet das Idealbild der Frau, das bei der Mutter auftritt, wenn das Kind allmählich das Haus verläßt. Sie will dann alles für das Kind regeln, ordnen und alle Sorgen auf sich nehmen. Sie will weiterhin die perfekte Mutter sein, vermag die Kinder nicht loszulassen und kann sie dadurch ernsthaft in ihrer Entwicklung hemmen. Der Alte Weise ist die Entsprechung beim Mann. Er will derjenige sein, der alles „deichselt“, wirtschaftlich und auch politisch-gesellschaftlich.

Das Ziel des Individuationsprozesses ist, wie gesagt, das Selbst mit dem Gottesarchetypen. Es drückt sich in der Psyche in Bildern aus, die Jung **Mandala** nennt. Diese sind symbolische, bildliche Darstellungen, oft als Quadrate oder Kreise oder auch in literarischen und musikalischen Formen. Sie überbrücken die Kluft zwischen dem Individuellen und dem Kollektiven, dem Archetypischen im Leben des Menschen und versöhnen und begleichen die innerpsychischen Gegensätze. Jung fällt besonders auf, daß religiöse bildliche Darstellungen in unterschiedlichen

Religionen auf der ganzen Welt so gleiche Grundstrukturen aufweisen.

Jung hat seine psychologischen Modelle im Lauf eines langen Lebens entwickelt. Seine Darstellungskunst ist geradezu belletristisch und daher zuweilen vieldeutig. Seine Gedanken kurz zusammenzufassen ist unmöglich. In meiner Darstellung bin ich weitgehend Ivar Alms Deutung in seinem Werk *Från Freud till Jung* (Von Freud zu Jung, 1973) gefolgt.

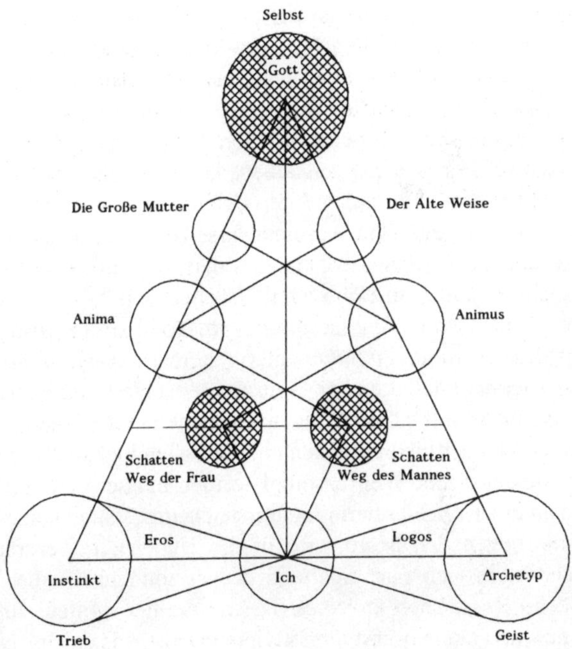

Sundén hat die Individuationstheorie mehrmals verwendet, vor allem bei seiner Untersuchung der Offenbarungen der heiligen Birgitta. *Persona och anima* (Persona und Anima, 1981) enthält mehrere Analysen des Reifeprozesses verschiedener Autoren.

Zum Birgitta-Jubiläum 1973 erschien Sundéns Buch *Den heliga Birgitta. Ormungen som blev Kristi brud.* In den Offenbarungen der Heiligen, deren Deutung viele Probleme bietet, läßt sich nach Sundén ein Muster finden, wenn man aus Jungscher Perspektive vorgeht. In der reichen Symbolwelt lassen sich Motive wie Persona und Animus wiederfinden. Sundén unterstreicht, daß man Birgittas Gedankenwelt unbedingt auch auf dem Hintergrund der mittelalterlichen apokalyptischen Tradition interpretieren muß, wie sie nicht zuletzt von Joachim von Fiore vertreten wurde.

In *Persona och anima* diskutiert Sundén August Strindbergs Werke *Till Damaskus* (Nach Damaskus, 2 Teile) und *Jakob brottas* (Jakob ringt) und stellt fest, daß Strindberg sich gut mit Schatten und Anima auseinandergesetzt hat. Die Versuchung des Alten Weisen, die sich bei ihm in Träumen von Größe und in alchimistischen Experimenten äußert, konnte er ebenfalls verarbeiten. Strindbergs gesamter Infernokampf ist daher nach Sundén eine recht geglückte Auseinandersetzung mit dem Selbst. Entsprechende Analysen hat Sundén u. a. mit Erik Axel Karlfeldt, Albert Camus und Pär Lagerkvist angestellt.

Owe Wikström hat die Gestalt des Raskolnikov in Dostojevskijs Roman *Schuld und Sühne* interpretiert. Raskolnikov ist ein introvertierter, intellektueller Mensch, der seine Energie hauptsächlich in gedanklichen Bahnen kanalisiert. Er ist dermaßen fasziniert von der intellektuellen und logischen Idee, daß die Ungerechtigkeit in der Welt beseitigt werden müsse, daß ihm der Mord an einer Pfandleiherin legitim erscheint. Sein eigener Widerwille gegen den Mord wird in das Unbewußte verdrängt. Daraus ergibt sich eine Spaltung der Persönlichkeit, die sein Name im Russischen andeutet. Das verdrängte Mitleid äußert sich nun in Träumen und unmotiviertem gutem Handeln. Nach dem Mord jedoch tritt das Unbewußte immer mehr nach oben, es kommt zu einer Art Traumzustand und zu Lähmung der Aktivität. Raskolnikov projiziert nun seine Bosheit auf Ljusin, einen jungen Mann, der Raskolnikovs Schwester heiraten will. Die Anima bricht sich, beginnend mit seinem Kontakt zu der Prostituierten Sonja, immer stärker Bahn. Mit ihrer Demut und hingebungsvollen Liebe bereitet Sonja den Weg für das Auftreten des Selbst, d. h. für Christus, den Versöhner. Raskolnikov kann sich schließlich mit Christi Augen sehen, die unterschiedlichen Elemente, Intellekt, Gefühl, Männliches und Weibliches, Gutes und Böses, vereinen sich zu einer neuen, reiferen Ganzheit. Als Sinnbild (Mandala) dient das christliche Symbol des Kreuzes, das den Kontakt zu Raskolnikovs Unbewußtem und dem kollektiven Unbewußten vermittelt. All dies drückt sich in einem umwälzenden mystischen Erlebnis aus, und er wird bereit, die Strafe auf sich zu nehmen und das Verbrechen zu sühnen. Seine Psyche ist geheilt, der Individuationsprozeß zur Durchführung gekommen.

6. Religion und psychische Gesundheit

Einleitung

Die Erörterung des Verhältnisses zwischen Religion und psychischer Gesundheit gehört zu den schwierigsten Problemen in der Religionspsychologie. Es soll hier nicht umfassend bearbeitet werden, sondern wir werden den Begriff der psychischen Gesundheit kurz diskutieren, das Verhältnis zwischen Religion und psychischen Störungen betrachten sowie einige pastoralpsychologische Fragen aufgreifen.

Früher waren es die Religion und ihre Repräsentanten (Priester, Mönche, Schamanen, Medien usw.), die psychische Krankheiten feststellten und behandelten. Besonders die geistigen Störungen wurden als von bösen Geistmächten verursacht angesehen, zu deren Vertreibung unterschiedliche Behandlungsmethoden entwickelt wurden wie z. B. der Exorzismus. In primitiveren Kulturen sind Opfer, volkstümliche Medikamente, magische Riten, ekstatischer Tanz usw. zur Abhilfe gegen das Böse nicht ungewöhnlich. Solche Behandlungsmethoden sind auch heute und in der westlichen Welt nicht verschwunden. Exorzismus, Gesundbeten und Naturpräparate kommen weiterhin vor.

Im christlichen Abendland sieht man vor allem Gebet, Bibellese und Absolution als Therapieformen für Personen in geistlichen Nöten an. Alles zusammen bezeichnet man als Seelsorge. Manche Pfarrer hatten eine besondere Begabung dafür, wie z. B. Gerhard Tersteegen. Hier war die geistliche Reife, die Heilsordnung, entscheidend, jedoch im Zusammenhang mit allgemeiner Pflege der psychischen Gesundheit.

In den letzten Jahrzehnten hat es in der Seelsorge eine deutliche Weiterentwicklung gegeben. Psychologische und psychiatrische Erkenntnisse und Methoden sind allgemein zur Anwendung gekommen. Damit nähert man sich einer rein profanen Behandlung religiöser Fragen, die gewissermaßen zu psychischen

Problemen transformiert werden. Dies ist eine sicherlich nicht überall vorteilhafte Entwicklung. Die psychiatrische Behandlung berücksichtigt ja religiös-kognitive Systeme sehr wenig und hat daher keinen Blick für religionspsychologische Probleme.

Aufgrund all dessen kämpft die Seelsorge heute mit verschieden gearteten Problemen, z. B.: Soll das Menschenbild von der Religion oder von der Psychologie her formuliert werden? Ist der Mensch als geistliches Wesen guter Werke unfähig, oder gibt es in seinem Innern einen guten Willen mitsamt der Fähigkeit, gute Werke zu tun? Problematisch ist ferner die Ätiologie: Ist das größte Problem des Menschen seine Gottabgewandtheit, oder sind die Fehler in Erziehung, Gesellschaftssystem usw. für die Schwierigkeiten verantwortlich? Wo soll man die Grundursachen für die Mißlage des Einzelnen und der Menschheit heute suchen?

Diese breiten Fragen mit ihren subtilen religionsphilosophischen und wissenschaftstheoretischen Dimensionen können wir hier nicht beantworten, sondern lediglich betonen, daß man je nach dem Kontext differenzieren muß. Eine Frage für sich ist, wie die gemeinsame Basis für verschiedene Kontexte aussieht. Dies religionspsychologisch zu diskutieren kann ergiebig sein, da hier sowohl die Wertungen der Religion wie die der Psychologie bekannt sind. Als Wissenschaft hat die Religionspsychologie jedoch ohne Abstriche dieselben wissenschaftstheoretischen Voraussetzungen wie die allgemeine Psychologie. Die Fragen nach dem Wertsystem spielen allerdings vielleicht öfter eine Rolle als in der übrigen Psychologie, denn der Gegenstand der Religionspsychologie ist der Mensch als psychisches Wesen vor den die Ewigkeit betreffenden Grundfragen des Lebens.

Psychische Gesundheit

Psychische Gesundheit zu definieren ist aus vielen Gründen schwer. Eine klare Grenze zwischen normal und anormal oder gesund und krank läßt sich nicht ziehen. Viele unterschiedliche Faktoren sind zur Beurteilung wichtig, nicht zuletzt kulturelle und rein subjektive. Am besten wägt man daher verschiedene Punkte gegeneinander ab. Untersucht werden müssen rein **physiologische Veränderungen** (Hirn- und Nervenschäden), das **individuelle Krankheitsgefühl** sowie **die Fähigkeit, in Gesellschaft und Arbeit mitzuwirken.** Bei Mitgliedern extremer religiöser Gruppierungen muß auch das Wertsystem der Gruppe berücksichtigt werden. Es gibt nicht selten religiöse Gruppen mit extremen Normsystemen, was zu für die übrige Gesellschaft nicht akzeptierbaren Verhaltensweisen führen kann.

Für Krankheit kann man unterschiedliche Kriterien aufstellen, z. B. eine statistische Norm, bei der Abweichungen vom Durchschnitt her festgestellt werden. Ausgehen läßt sich auch von den in einer bestimmten Gesellschaft herrschenden Normen. Ferner kann man jeden selbst bestimmen lassen, ob eine Funktionsstörung vorliegt oder nicht. Schließlich wäre eine Idealnorm denkbar, bei der das Nichtvorliegen jedes definierten Krankheitssymptoms entscheidend ist. Keines dieser Kriterien dürfte für sich allein anwendbar sein, sondern es bedarf einer Kombination. Man kann daher zusammenfassen, daß psychische Gesundheit das Nichtvorhandensein von Funktionsstörungen in der Psyche des Individuums und in seinem Verhältnis zur nächsten Umgebung ist.

Zur Klassifizierung psychischer Störungen dient oft die eigene instinktive Wahrnehmung der Krankheit. Je schwächer diese ist, als desto schwerer wird die Krankheit angesehen. Man kann daher grob von drei verschiedenen Typen psychischer Störungen sprechen: Bei den **psychogenen Reaktionen** sind Vorhandensein und Grund der psychischen Störung bewußt. Diese hängen meist mit den Verhältnissen in der sozialen Umwelt zusammen. Das Individuum kann die Ursache aufzeigen. Zu nennen sind hier Trauerreaktionen und Verhalten im Zusammenhang mit Trennungen. Bei den **neurotischen Störungen** ist man sich der Störung selbst, nicht aber ihres Ursprungs klar bewußt. Neurosen sind daher irrational, dem Individuum selbst schwer erklärbar. Für die **psychotischen Krankheiten** schließlich ist wesentlich, daß der Instinkt fehlt, daß man gestört ist. Damit gibt es auch keine Vorstellung von der Ursache. Hierzu zählen die meisten schizophrenen Syndrome. In letzter Zeit hat man begonnen, von einer vierten Gruppe zu reden, der **Borderline**-Persönlichkeit, einer psychischen Störung, bei der es sich weder um eine Psychose noch um eine Neurose handelt. Die äußeren Symptome sind meist neurosenartig, aber Hauptprobleme sind schwere Angst und Depression.

Religion – psychische Gesundheit

In *The Religious Experience* (1982) diskutieren C. Daniel Batson und W. Larry Ventis eingehend das Verhältnis zwischen Religion und psychischer Gesundheit. Die bisherigen Untersuchungen teilen sie in drei Gruppen ein. Zur ersten zählen Versuche, psychische Gesundheit als Abwesenheit von Krankheitssymptomen zu bestimmen. Demnach weisen religiöse Individuen angeblich weniger psychische Störungen auf als andere. Die zweite Gruppe bilden Untersuchungen, die sich auf tieferliegende Momente innerhalb der Persönlichkeitsstruktur konzentrieren, z. B. Selbstbejahung, Offenheit und Flexibilität. Dabei wurde ein negativer Zusammenhang festgestellt: Religiöse Menschen erwiesen sich als weniger flexibel, verschlossener und selbstkritischer als die übrigen. Die Studien der dritten Gruppe befassen sich mit dem Grad von Unruhe und Schuldgefühlen beim Individuum. Die Resultate sind hier völlig gegensätzlich, was nach Batson und Ventis daran liegt, daß die Forscher Religiosität unterschiedlich definieren.

Wie wir bereits gesehen haben, müssen wir zwischen verschiedenen religiösen Orientierungen und Persönlichkeitsvariablen differenzieren. Den Zusammenhang von Religiosität und Gesundheit zu bestimmen, ist also nicht nur abhängig vom Begiff der psychischen Gesundheit, sondern gleichermaßen von unterschiedlichen Formen von Religiosität.

Eine weitere Untersuchung zum Thema stammt von Allen E. Bergin (1983), wie Batson-Ventis eine Metastudie, d. h. die Darstellung erfolgt anhand der Resultate anderer Forscher. An die Artikel und Berichte, die er auswählte, stellte Bergin hohe

Anforderungen, die letztlich von 24 Beiträgen erfüllt wurden. Von diesen stellten 23 % einen negativen Zusammenhang zwischen Religiosität und psychischer Gesundheit fest, 47 % verzeichneten einen positiven Zusammenhang und 30 % überhaupt keinen. Schnelle und vereinfachende Schlüsse zum Einfluß von Religion auf die psychische Gesundheit sind also abzulehnen. Es muß differenziert gearbeitet werden.

L. R. Wolberg als neuerer Psychotherapeut mißt der Religion eine Stützfunktion für die Persönlichkeit bei. Für jemanden, der unter Angstsymptomen leidet, kann eine religiöse Lebenseinstellung erleichternd sein. Auch viele schmerzliche Erfahrungen lassen sich mit Hilfe einer religiösen Glaubensstruktur bewältigen. Gott kann erlebt werden als der Vergebende, der alles zum Besten wendet. Durch Meditation und Kultriten kann auch die Angst beherrscht werden. Regelmäßige Übungen geben Festigkeit. Ebenso kann eine Bekehrung für jemanden in einer Krise stützend wirken. Die neue Orientierung schafft neue Werte, neue Freunde, einen neuen Lebensrhythmus, so daß z. B. Alkoholiker und andere in Krisen Befindliche Befreiung und Trost erfahren. Auch bei schwerer Krankheit und angesichts des Todes kann Religion positiv einwirken. Eine religiöse Orientierung an sich ist aber kein Heilmittel gegen schwere neurotische Störungen. Eine zeitweilige Besserung ist möglich, aber auf lange Sicht pflegen die Störungen doch hervorzubrechen, wenn sie nicht angemessen behandelt werden.

Ein besonderer Bereich sind die psychischen Störungen, die direkt auf religiöse Faktoren zurückgehen (ekklesiogene Störungen). Hier ist meist eine Behandlung auf rein religiös-kognitiver Ebene erforderlich. Zumindest muß der Therapeut (Seelsorger) derartige Störungen als solche erkennen können. Wikströms Beispiel von der ekklesiogenen Aerophobie haben wir bereits bei der Diskussion der Bedeutung des Ödipuskomlexes in religiösem Zusammenhang kennengelernt: Neben rein tiefenpsychologischen Deutungen ist Kenntnis des emotionalen und kognitiven religiösen Systems erforderlich, mit dem der Mann aufgewachsen ist, erst dann versteht man das Krankheitsbild richtig. Die Frage ist, ob man einen solchen Fall nicht auch mit religiöser Terminologie behandeln, d. h. dem Patienten eine Botschaft auf rein religiöser Ebene vermitteln muß. Dies wäre eine Aufgabe für religiöse Spezialisten.

Ein anderes Beispiel zeigt, worum es geht. Eine Frau ist in einem religiösen Milieu aufgewachsen und steht vor der Wahl einer Lebensaufgabe. Sie hat gelernt, daß Gott einen Plan für ihr Leben hat und daß sie diesen kennenlernen muß. Als Berufe bieten sich Grundschullehrerin und Krankenschwester an. Nachdem sie keinen Ausbildungsplatz als Krankenschwester erhält, empfehlen ihr Kameraden und andere die Lehrerausbildung, wegen der langen Urlaubszeiten. Sie folgt dem Rat, und die Arbeit in der Schule beginnt. Als sie verheiratet ist und eigene Kinder hat, beginnen die Probleme in der Schule: Die Schüler sind undiszipliniert, sie hat zu viel Arbeit zu Hause und keine Zeit für sich selbst. Nun kommt das religiöse System, das sie internalisiert hat, ins Spiel, und sie fragt sich, ob sie den falschen Beruf ergriffen hat. Gott hatte sie wohl als Krankenschwester ausersehen. Die abgelehnte Bewerbung war vielleicht nur eine Prüfung. Sie hätte es erneut versuchen sollen. Nun hat sie die falsche Wahl getroffen und kommt sich gescheitert und von Gott verworfen und verurteilt vor. Gott erscheint ihr nun nur als der Fordernde und Richtende, überall stößt sie nur auf Kritik, Verurteilung und Verfolgung. Sie wird krankgeschrieben und erhält psychiatrische Behandlung.

Hier wird die religiöse Glaubensstruktur in einer schwierigen Situation aktualisiert. Interessanterweise treten nicht Gottes Vergebung und Erbarmen hervor, sondern Verurteilung und Verwerfung. All dies verschlimmert das Problem der Frau. Ein neurotisches Bedürfnis stellt sich ein, die negativen Seiten des Gottesbildes zu selektieren und damit Selbstgeißelung zu betreiben. Wäre die Entwicklung so weitergegegangen, wäre es nicht unwahrscheinlich, daß die Frau sich am Ende sogar von bösen Geistern besessen geglaubt hätte. Einen solchen Fall lediglich psychodynamisch zu betrachten, befriedigt nicht ganz, besonders aus dem Blickwinkel der Frau selbst nicht. Die Behandlung verspricht bei Beachtung der religiös-kognitiven Aspekte mehr Erfolg. Es ist also nötig, daß die Frau Gott als den Vergebenden erfährt. Hier kann mithin die Seelsorge als theologische Disziplin eingreifen und eine Rolle spielen. Im übrigen ist ein entsprechendes Potential an psychologischen und psychiatrischen Fachkenntnissen vonnöten.

Owe Wikström hat in seiner Studie *De ofrånkomliga orden* (Die unvermeidlichen Worte, 1982) schwedische Romane untersucht und dabei gezeigt, welche Bedeutung die mystisch-religiöse Sprache haben kann. Er nennt drei Möglichkeiten: Zunächst kann das Fehlen religiöser Sprache dem Individuum eine wichtige Dimension des Lebens versperren. Bei Menschen ohne kognitive Strukturen, die den Grundproblemen des Lebens Sinn verleihen, kommt eine Art Primärangst auf. Die Fügungen des Lebens erscheinen als sinn- und zusammenhangloses Spiel des Schicksals. Psychisch gesehen wird ein megalomanes Selbstbild entworfen: „Ich bin das All." Von entsprechenden Fällen berichtet Viktor Frankl bei der Beschreibung von ausgereifter Neurose oder Angst.

Der zweite Fall, den Wikström nennt, liegt vor, wenn der religiöse Sprachgebrauch Möglichkeiten zu neuen und umgestaltenden Erfahrungen schafft und dem Leben eine neue, tiefere Dimension verleiht. Der dritte Fall liegt vor, wenn die Worte weitere Sichtweisen und Erlebnisse blockieren. Die spezifische Sprache einer bestimmten Gruppe wird monopolisiert und verhindert eine geistige Entwicklung. Die Problematik der Kindeskinder Gottes hat weitgehend damit zu tun (s. folgenden Abschnitt).

Die Problematik der Kindeskinder Gottes

Ein Kindeskind Gottes ist jemand, der in streng religiösem Milieu aufgewachsen ist und zu einer bestimmten Form der Religiosität mehr oder weniger gezwungen wurde, was ihm oft Probleme bereitet, spätestens als Erwachsenem. Er hat keine Möglichkeit, sich von den Eltern freizumachen, eine eigene Identität auszubilden und selbständig zu Fragen des Lebens Stellung zu beziehen. Der Begriff wurde in dieser mehr technischen Bedeutung von Harry Lindström in seinem Werk *Guds barnbarn – problembarn* (Gottes Kindskinder – Problemkinder, 1957) eingeführt. Er behandelt vor allem literarisches Material und zeigt die Konfliktsituationen auf, die sich für Menschen mit rigider religiöser Erziehung ergeben. Mit dem Problem zu tun hat Sundéns Begriff des Erziehungssystems. Er zeigt, wie in rigiden Aufwuchsmilieus Liebe ersetzt wird. In der Traditionsvermittlung allzu sichere Eltern fordern von sich selbst so sehr eine geglückte Erziehung der Kinder, daß sie sich selbst zwischen Gott und diese stellen und absoluten Gehorsam fordern. Die Kinder meinen, daß sie, wenn sie nicht tun, was Vater und Mutter sagen, nicht nur gegen die Eltern, sondern auch gegen Gott sündigen, und daß sie damit Gottes ganzen Zorn auf sich ziehen und ihre ewige Seligkeit gefährden, selbst bei kleinen Vergehen. Daraus resultiert Angst vor Religion, der Rede von Gott und Jesus usw. (vgl. a. T. Moser, Gottesvergiftung).

Zu den wichtigsten Charakteristika der Kindeskinder Gottes gehören folgende: Die **Einstellung zur Sexualität** ist oft abweisend: Die Begierden des Fleisches müssen ständig unterdrückt und niedergehalten werden. Masturbation und Spielen mit den Geschlechtsorganen sind daher gefährlich und werden verurteilt. Hier lebt eine früher sehr geläufige Sexualauffassung fort. In Sünde gezeugt, d. h. Resultat von Geschlechtsverkehr zu sein, wird als schimpflich empfunden.

Die **Religiosität der Eltern** muß nach deren eigener Ansicht stets so schön und gepflegt wie möglich sein. Nach innen darf es Probleme geben, aber nichts davon darf nach außen dringen, da dies nicht nur das Ansehen der Eltern, sondern auch das der gesamten Gemeinde und Christenheit gefährden würde. Dazu dürfen die Eltern auf keinen Fall beitragen. Zweifel und Anfechtung, Probleme und Schwierigkeiten werden daher gern übergangen. Natürliche Probleme mit Kindern in der Pubertät werden stärker, man verdeckt sie aber durch um so fleißigeren Gottesdienstbesuch, Beten, Aufopferung und Spenden. Die Flucht in einen immer weitschweifigeren religiösen Jargon wird für die Eltern zur Lösung.

Zu Mißbrauch führt dann auch leicht die Rede vom Jüngsten

Gericht und Jesu Wiederkunft (Parusie). Zum theologischen System gehört oft, daß man die Parusie jederzeit erwartet. Dann werden die wahrhaft Glaubenden zu ihm in den Himmel entrückt, während die übrigen in großer Trübsal zurückbleiben. Bei einem Kind, das allein zu Hause und wach ist, kann der Gedanke, einsam in der Trübsal zurückzubleiben, während die Eltern zu Jesus entrückt werden, Furcht und Zittern auslösen. Das gesamte System kann für die Eltern zum aktiven Mittel werden, die Kinder unter ihren Willen zu zwingen. Jeder Widerstand gegen die Eltern gilt als Sünde, und der Sünder ist nicht auf die Widerkunft Jesu vorbereitet, sondern bleibt in der Trübsal zurück und kommt in die Hölle.

Herrscht im Zuhause eine Stimmung, in der etwas Dramatisches (auf geistlicher Ebene, in den Beziehungen zu den Eltern usw.) jeden Augenblick ablaufen kann oder wird, fühlt das Kind sich leicht unter Druck gesetzt. Natürliche Konflikte werden in diesen Rahmen eingepaßt und verstärken sich dadurch. Religion und Gott stehen auf der Seite der Eltern gegen die Kinder und deren Bedürfnisse und Wünsche. Kommen dazu strenge Maßregeln, wie man auftreten und sich kleiden, was man sagen soll, entsteht ein Marginalitätsgefühl bei den Kindern. Sie fühlen sich weder zu Hause, in der religiösen Gruppe noch in der Außenwelt akzeptiert. Das Marginalitätsgefühl (nirgends hinzugehören) kann später hemmend wirken, wenn man einen Beruf wählen oder in der Gesellschaft Verantwortung übernehmen muß. Folgendes schreibt ein Kindeskind Gottes in einem Leserbrief:

Ich habe grauenhafte Erinnerungen, die manchmal hochkommen, wenn ich meine damaligen Antagonisten treffe. Diese Erinnerungen sind stärker als damals, als ich z. B. den ersten Fuchs schoß, zum erstenmal mit einer Frau schlief, Abitur machte ... Niemand auf der Welt, glaubte ich, versteht mich, keiner kam und tröstete mich und sagte, daß ich nicht weinen solle. Ich wußte ja, daß diese gläubigen Menschen es alle nur gut meinten, Arme und Schwache besuchten, ein ehrlicher Wille zu helfen. Ständig führten sie Jesus im Mund. Was ich einfach nicht verstand war, warum man mich für all das verhöhnen sollte. Wenn man sich bei uns zu Hause traf, wurden handgeschriebene Schilder am Strommast an der Dorfweggabelung oder an der Kioskwand angebracht. Davor hatte ich förmlich Todesangst, besonders wenn die Zettel dort wochenlang hingen. Auch wenn ich abends mit dem Rad herum-

fahren wollte, hörte ich aus der Dunkelheit das rohe Gelächter und die Hallelujarufe gegen mich und fuhr weinend nach Hause ... Warum haßten mich die Kinder und Älteren, als ich klein war, was hatte ich ihnen Böses getan, was hatte Mutter ihnen getan? Sie flickte und tat doch alles für die, um die kein Mensch sich kümmerte, sie war doch ein Sonnenstrahl ihr ganzes Leben ... Ist Gottes Haß erblich, ist das ein Überbleibsel von Adam? Wer es weiß, möge antworten.
Lieber Großvater, vergib ihnen ihre Sünden!
Dein heute stiller Enkel

Auf solch ein strenges und angsterfülltes Aufwuchsmilieu gibt es grob gesprochen drei Reaktionsweisen: 1. Man wird **Atheist** mit einer Art inversem Glauben, der oft gehässig und selten wohldurchdacht ist. Man will einfach alles negieren, was in der Kindheit verinnerlicht wurde. 2. Man versucht in einer **schuldbeladenen Frömmigkeit,** mit seinem Glauben zu leben, fühlt sich aber nie richtig akzeptiert. Man erfüllt die religiösen Pflichten mit Rücksicht auf andere, nährt aber gleichzeitig fortwährend sein schwaches Selbstgefühl und seine Angst. Diese Frömmigkeit trägt oft masochistische Züge. Man schwankt zwischen starker Frömmigkeit und Distanz von der Frömmigkeit. 3. Man **identifiziert** sich stark mit dem Muster, mit dem man aufgewachsen ist. Um seine Ohnmacht und Unruhe loszuwerden, begibt man sich näher zum Ursprung des Systems und vertritt es damit noch rigider. Seine latente Aggressivität gegen alles verdeckt man mit übersteigertem Glauben und oft Argwohn gegen andere Glaubende und ist immer unzufrieden. Diese Haltung hält oftmals nicht das ganze Leben über an, sondern fällt auf unterschiedliche Weise auseinander. Nicht selten werden Menschen mit diesem Syndrom Pfarrer oder Prediger. Der „große Erfolg“ bleibt ihnen jedoch meist versagt.

Im Rahmen der Turkuer Untersuchung „Kinder-Eltern-Religion“ haben wir auch eine Untergruppe der Studenten mit religiösem Aufwuchsmilieu untersucht. Meist hatten die Studenten mit der religiösen Tradition gebrochen. Als Jugendliche hatten sie ihre Eltern als verurteilend und streng erlebt. Es war diesen nicht geglückt, ihre Lebenseinstellung den Kindern zu vermitteln. Interessanterweise zeigte sich, daß eine schlechte Mutterbeziehung mehr Einfluß auf die Söhne hatte und eine schlechte

Vaterbeziehung auf die Töchter. Dies entspricht den tiefenpsychologischen Theorien. Nicht unerwarteterweise zeigte diese Gruppe auch eine schwache Geschlechtsrollenidentität. Hinsichtlich der Problematik der Kindeskinder Gottes sind vergleichende Untersuchungen in unterschiedlichen Kulturen wünschenswert.

Für seine Studie über religiöse Passivität *Fra ilden til asken* (Vom Feuer zur Asche, 1984) hat der Norweger Pål Repstad 21 Personen mit religiösem Hintergrund, die sich alle von ihrer christlichen Traditon entfernt haben, ausführlich interviewt. Demnach sind Konflikte, die den Lebensstil betreffen, weit mehr ausschlaggebend für religiöse Passivität als reine Glaubenskonflikte. Er gibt folgendes Entwicklungsschema für diejenigen, die religiöse Probleme haben: 1. Man beginnt mit Buße und Bekenntnissen, 2. man betrachtet sich selbst als böse, setzt aber gleichzeitig ein Doppelleben fort, 3. man deutet die Forderungen um, so daß der eigene Lebensstil christlich wird, 4. die Umdeutung geht so weit, daß man ohne weiteres zufriedenstellend außerhalb der christlichen Gruppe funktionieren kann.

Pastoralpsychologie

Die Pastoralpsychologie ist derjenige Teil der Religionspsychologie, der sich mit dem Grenzgebiet zwischen christlicher Seelsorge und klinischer Psychologie befaßt, verbindet also religionspsychologische Erkenntnisse mit theologischer Reflexion. Schwerere psychische Störungen behandelt sie selten, sondern überläßt sie dafür ausgebildeten Therapeuten und Psychiatern. Sie befaßt sich vor allem mit psychogenen Reaktionen (Trauer, Depression) und mit Fragen der Lebensanschauung allgemein.

In seiner Studie *Människosyner och vårdmodeller* (Menschenbilder und Therapiemodelle, 1980) befaßt sich Fride Hedman mit unterschiedlichen theologischen und psychologischen Behandlungsmethoden und zeigt, daß deren Ansätze jeweils auf die das gesamte Menschenbild betreffenden Anschauungen beruhen. Er stellt zwei grundsätzliche Richtungen fest: Die eine will den Menschen und seine inneren Erlebnisse ins Zentrum rücken, während die andere von seinem äußeren Verhalten ausgeht und davon, wie man es beeinflußt. Er sieht Parallelen zwischen der traditionellen christlichen Seelsorge und modernen psychologischen Schulen. So weist der Pietismus mit seiner Betonung der inneren Erlebnisse Gemeinsamkeiten mit tiefenpsychologischer, bes. mit klientenzentrierter (Carl Rogers) Therapie auf. Bei beiden liegt der Schwerpunkt auf der Persönlichkeit des Menschen und den inneren psychischen Prozessen. Man nimmt im Menschen ein Heilungspotential an, das bei entsprechenden Voraussetzungen seine Wirksamkeit entfaltet. Hier kommt es entscheidend auf den Therapeuten/Seelsorger an.

Die zweite Grundrichtung sieht Hedman in der lutherischen Orthodoxie und der neuorthodoxen Seelsorge verkörpert, vor allem bei Theologen wie Karl Barth und Eduard Thurneysen. Bei dieser Art von Seelsorge steht Gott im Mittelpunkt. Der Mensch ist verderbt, und die Hilfe kommt durch den Zuspruch eines Gotteswortes innerhalb einer Absolutionssituation. Die Ansichten des Seelsorgers bestimmen daher weitgehend die Seelsorge. Gemeinsamkeiten mit dieser theologischen Anschauungsweise sieht Hedman in der modernen Verhaltenstherapie: Diese geht von dem behavioristischen Axiom aus, daß das Verhalten des Menschen erlernten Reaktionsmustern folge und daher psychischen Störungen durch Induzierung neuer, adäquaterer Verhaltensmuster abzuhelfen sei. Durch Verstärkungs- und Unterdrükkungsmechanismen, die der Therapeut handhabt, wird das Verhalten modifiziert.

Zusammenfassend versucht Hedman die beiden Grundrichtungen zu vereinigen. Er unterstreicht, daß man den Menschen als Ganzheit betrachten müsse und daß weder die eine noch die andere Richtung für sich allein genüge: „Die Existenz des Menschen ruht in der Umgebung, wird in den Ich-Funktionen und in der Selbsteinstellung erlebt und drückt sich im Verhalten und Handeln aus. Alle diese drei Dimensionen haben ihre eigene Berechtigung, so daß keine von ihnen an erster Stelle steht oder durch eine andere erklärt werden kann. Soweit sie einander erklären, geschieht dies gegenseitig“(S. 232).

Hinsichtlich der Glaubensrichtungen hat Göran Bergstrand versucht, Kriterien für neurotischen Glauben aufzustellen. Demnach ist für diesen das Typischste die Sicherheit: Man will keine Zweifel und Anfechtungen anerkennen und versucht, ein möglichst wasserdichtes theologisches Gedankensystem zu errichten. In der Praxis wird man rücksichtslos, verurteilt andere und läßt Einfühlungsvermögen vermissen. Um jeden Preis muß man seines Glaubens sicher sein.

Ein weiterer typischer Zug des neurotischen Glaubens ist Aggressivität. Sie drückt sich aus in einem Wunsch, bei allen passenden und unpassenden Gelegenheiten zu diskutieren und zu argumentieren. Man genießt förmlich das Emporschlagen der Wogen in der Diskussion. Derartige Aggressivität wird oft in Bekehrungsversuchen und eifriger Evangelisationstätigkeit kanalisiert, bei denen vor allem Personen gewonnen werden, deren Persönlichkeit gleich schwach ausgeprägt ist wie die eigene. Gegenüber Personen mit abweichenden Glaubenstrukturen verbleibt man intolerant. Dieser neurotische Glaube ist, wie wir sehen, in etwa das Gegenteil dessen, was Allport als reifen Glauben bezeichnet.

Auch die Seelsorgerrollen können verschieden sein. Ralph Ditler-Kolnæs hat zwei Extremtypen von Pfarrern entworfen. Den einen bezeichnet er als **superpastoral,** den anderen als **superhuman.** Ersterer lebt von einer starken Amtstheologie und fühlt sich in ihr sicher. Er erlebt sich als Gottes Werkzeug und stützt sich in seiner seelsorgerlichen Aktivität vor allem auf Bibelworte u. ä. Alle pastoralpsychologischen Probleme werden einfach als Glaubensschwierigkeiten angesehen, denen mit Bibellese, Gebet und Absolution abgeholfen wird. Pfarrer dieses Typs kleiden sich oft so, daß sie sofort an der Amtstracht zu erkennen sind. Schwache und labile Menschen fühlen sich oft zum superpastoralen Typus hingezogen, weil er auf alles eine Antwort hat und weiß, wie Christentum gelebt und Ethik praktiziert werden soll.

Der Superhumane ist der Gegensatz dazu. Er will Pfarrer sein, aber nach eigenem Muster. Am Glauben muß man nicht unbedingt festhalten. Der Superhumane hört sich gern an, welche

Probleme die Menschen haben, und er will sein Gegenüber wachsen lassen in dem Takt, den es selbst wünscht. Er ist meist ein schwacher Charakter und bringt Probleme am ehesten mit sozialen und psychischen Faktoren in Zusammenhang. Er kann sehr kritisch gegenüber seiner Kirche und Glaubenstradition sein. Er neigt dazu, den Unterschied zwischen Pfarrer und Gemeindemitglied einzuebnen. Theologische Reflexion wird durch eifriges Experimentieren mit Formen zur Weitergabe der Botschaft ersetzt, im Sprachgebrauch wird versucht, der Alltagssprache möglichst nahezukommen. Der Superhumane hat das extrem starke Bedürfnis, von den Gemeindemitgliedern akzeptiert zu werden.

Die beiden beschriebenen Typen sind, wie gesagt, Extremformen, deren keine wohl heutzutage effektiv sein dürfte.

Literaturverzeichnis

Ahlberg, N.: Some psycho-physiological aspects of ecstasy in recent research. Religious Ecstasy. SIDA 11, 63–73 (1982) Stockholm.

Ainsworth, A.: Attachments across the life span. Bulletin of the New York Academy of Medicine 61, 792–812 (1985).

Åkerberg, H.: Omvändelse och kamp [Bekehrung und Kampf]. Lund 1975.

Allen, R. O., Spilka, B.: Committed and consensual religion: A specification of religion-prejudice relationships. JSSR 6, 191–206 (1967) New Haven/Wetteren.

Allison, J.: Adaptive regression and intense religious experiences. JNMD 145, 452–463 (1967) Baltimore.

Allport, G. W.: Pattern and growth in personality. New York 1961.

– The individual and his religion. New York 1968.

Alm, I.: Från Freud till Jung [Von Freud zu Jung]. Uppsala 1973.

Arbman, E.: Ecstasy and religious trance. Uppsala 1970.

Argyle, M., Beit-Hallahmi, R.: The social psychology of religion. London/Boston 1975.

Batson, C. D., Ventis, W. L.: The religious experience. New York/Oxford 1982.

Beckford, J. A.: Religious organization. Current Sociology 21 (1975) Den Haag.

– The trumpet of prophecy. Oxford 1975.

Berger, L., Luckmann, T.: The social construction of reality. London 1973.

Bergin, A. E.: Religiosity and mental health: a critical reevaluation and meta-analysis. Professional Psychology: Research and practice 14/2, 170–184 (1983) Baltimore.

Bergling, K.: The development of hypothetico-deductive thinking in children. A cross-cultural study of the validity of Piaget's model of the development of logical thinking. Stockholm 1974.

– Moral development, the validity of Kohlberg's theory. Stockholm 1981.

Bergstrand, G.: En illusion och dess utveckling [Eine Illusion und ihre Entwicklung]. Älvsjö 1984.

– Gud Fader i ett faderlöst samhälle [Gottvater in einer vaterlosen Gesellschaft]. Älvsjö 1987.

Björkqvist, K.: Ecstasy from a physiological point of view. Religious ecstasy. SIDA 11, 74–86 (1982) Stockholm.

Björkqvist, K., Holm, N. G.: Parental influence of religiosity. (Unpubl.) 1986.
– God's grandchildren. (Unpubl.) 1986.
Bowlby, J.: Attachment and Loss: Attachment. Harmondworth: Penguin Books 1969.
Brattemo, C.-E.: Sven Lidmans livsuppgörelse mot bakgrund av Ibsens Peer Gynt [Sv. L. s. Lebensbilanz auf dem Hintergrund von Ibsens Peer Gynt]. Stockholm 1983.
– „Förunderliga makt som konstnären äger!" [„Wunderliche Macht, die der Künstler besitzt"]. Några notiser om depression och det skapande ögonblicket hos Sven Lidman och Esaias Tegnér. Religionspsykologi nu. Religionspsykologiska skrifter 2. Uppsala 1987.
Bucke, R. M.: Cosmic consciousness. A study in the evolution of the human mind. New York 1968.
Capps, D.: Sundén's role-taking theory: the case of John Henry Newman and his mentors. JSSR 21/1, 58–70 (1982) New Haven/ Wetteren.
– The psychology of petitionary prayer. ThTo 39/2, 130–141 (1982) Princeton, N. J.
Clark, W. H.: The psychology of religion. New York 1968.
– Chemical ecstasy. New York 1969.
Cullberg, J.: Kris och utveckling. Stockholm [Keiner leidet ganz umsonst. Gütersloh 1980]. 1976.
– Dynamisk psykiatri i teori och praktik [Dynamische Psychiatrie in Theorie und Praxis]. Stockholm 1984.
Dahlgren, C.: Maranata. En sociologisk studie av en sektrörelses uppkomst och utveckling [Maranatha – Eine soziologische Studie zur Entstehung und Entwicklung einer Sektenbewegung]. Vänersborg 1982.
Deconchy, J. P.: Structure génétique de l'idée de Dieu chez des catholiques Français. Brüssel 1967.
Deikman, A.-L.: De-automatization and the mystic experience. Psychiatry 29, 324–338 (1966).
– Bimodal consciousness. The nature of human consciousness. San Francisco 1973.
Edsman, C.-M.: Mysticism, Historical and contemporary. Mysticism. SIDA 5, 7–33, (1970) Stockholm.
Erikson, E.H.: Childhood and society. New York 1950.
– Young man Luther. New York 1962.
– Insight and responsibility. New York 1964.
– Identity and the life cycle. Selected papers. New York 1967.
Faber, H.: Religionspsychologie. Gütersloh 1973.
Festinger, L.: A theory of cognitive dissonance. New York 1957.
Fowler, J. W.: Stages of faith. Cambridge 1981.
Frankl, V.: Der unbewußte Gott. Wien 1948.

– ... trotzdem Ja zum Leben sagen. Ein Psychologe erlebt das Konzentrationslager. München 1977
– Der Wille zum Sinn. Bern 1972.
Freud, S.: Gesammelte Werke. London 1952 ff.
Fromm, E.: Psychoanalysis and religion. New Haven 1950.
Gästrin, J.: De växandes religiösa liv [Das religiöse Leben bei Heranwachsenden]. Tampere 1936.
Geels, A.: Mystical experience and the emergence of creativity. Religious ecstasy. SIDA 11, 27–62 (1982) Stockholm.
Geels, A., Wikström, O.: Den religiösa människan [Der religiöse Mensch]. Lund 1985.
Gerlach, L. P., Hine, V. H.: People, power, change. Indianapolis/New York 1970.
Gibbs, J. C.: Kohlberg's moral stage theory. A Piagetian revision. HD 22, 89–112 (1979) Basel etc.
Girgensohn, K.: Der seelische Aufbau des religiösen Erlebens. Leipzig 1921.
Glock, C. Y., Stark, R.: Religion and society in tension. Chicago etc. 1965.
Godin, A.: The psychological dynamics of religious experience. Birmingham 1985.
Goldman, R.: Religious thinking from childhood to adolescence. London 1964.
– Readiness for religion. London 1965.
Gothóni, Raili: Pitkäaikaissairaan vanhuksen maailma ja uskonnollisuus [Lebenswelt und Religiosität des langzeitkranken alten Menschen]. SFThL 149. Helsinki 1987.
Grof, S.: The human encounter with death. London 1978.
Grønbæk, V.: Om beskrivelsen af religiøse Oplevelser [Zur Beschreibung religiöser Erlebnisse]. Kopenhagen 1935.
– Det religiøse i alderdommen [Das Religiöse im Alter]. Kopenhagen 1954.
– Religionspsykologi. Forskere og forskning [Religionspsychologie – Forscher und Forschung]. Kopenhagen 1958.
Gruehn, W.: Die Frömmigkeit der Gegenwart. Münster 1960.
Harms, E.: The development of religious experience in children. AJS 50, 112–122 (1944) Chicago.
Hartmann, H.: Ego psychology and the problem of adaptation. New York 1958.
Hay, D.: Exploring inner space. Harmondsworth 1982.
Hay, D./Morisy, A.: Reports of ecstatic, paranormal, or religious experience in Great Britain and the United States – a comparison of trends. JSSR 17, 255–268 (1978) New Haven/Wetteren.
Hedman, F.: Människosyner och vårdmodeller [Menschenbilder und Therapiemodelle]. Turku 1980.

Heiler, F.: Das Gebet. München 1918.
Helander, E.: To change and to preserve. Annals of the Finnish society for missiology and ecumenics 50. Helsinki 1986.
Helve, H.: Nuorten maailmankuva [Das Weltbild Jugendlicher]. Uskontotieteen jaoston toimitteita 4. Helsinki 1987.
Holm, N. G.: Tungotal och andedop [Zungenreden und Geistestaufe]. Diss. Acta universitatis upsaliensis, Psychologia religionum 5. Uppsala 1976.
– Pingströrelsen [Die Pfingstbewegung]. Publications of the research institute of the Åbo Akademi foundation 31. Turku 1978.
– Das Zungenreden bei Anhängern der Pfingstbewegung im schwedischsprachigen Gebiet Finnlands. ARPS 13, 224–238 (1978) Göttingen.
– Mysticism and intense experiences. JSSR 21/3, 268–276 (1982) New Haven/Wetteren.
– Ecstasy research in the 20th century – An introduction. Religious ecstasy. SIDA 11, 7–26 (1982) Stockholm.
– Sundén's role theory and glossolalia. JSSR 26/3, 383–389 (1987) New Haven/Wetteren.
– Joels Gud. En religionspsykologisk studie av Joel Pettersson [Joels Gott – eine religionspsychologische Studie über Joel Pettersson]. Turku 1987.
Holm, N. G., Suolinna, K., Ahlbäck, T.: Aktuella religiösa rörelser i Finland [Gegenwärtige religiöse Bewegungen in Finnland]. Publications of the research institute of the Åbo Akademi foundation 65. Turku 1981.
Honko, L.: Memorat och folktroforskning. Folkdikt och folktro [Memorat und Volksglaubensforschung – Volksdichtung und Volksglaube]. Lund 1971.
– Uskontotieteen näkökulmia [Religionswissenschaftliche Perspektiven]. Porvoo/Helsinki 1972.
Hood, R. W.: Religious orientation and the report of religious experience. JSSR 9, 285–291 (1970) New Haven/Wetteren.
– The construction and preliminary validation of measure of reported mystical experience. JSSR 14, 29–41 (1975) New Haven/Wetteren.
– Anticipatory set and setting: stress incongruitiers as elicitors of mystical experience in solitary nature situation. JSSR 17, 279–287 (1978) New Haven/Wetteren.
James, W.: The varieties of religious experience (1902). New York 1958.
Johnson, P. E.: Psychology of religion. New York 1959.
Jung, C. G.: Gesammelte Werke. Zürich/Stuttgart 1966 ff.
Källstad, Th.: John Wesley and the Bible. Stockholm 1974.
Keilbach, W.: Religiöses Erleben. München 1973.
Kirkpatrick, L.: An Attachment-Theoretical Approach to the Psycholo-

gy of Religion. Unpubl. Diss. Denver: Department of Psychology, University of Denver 1986.
Kohlberg, L.: Stage and sequence: the cognitive-developmental approach to socialization. D. A. Goslin (Hg.). Handbook of socialization theory and research. Chicago 1969.
Kohut, H.: The analysis of the Self. A systematic approach to the psychoanalytic treatment of narcissistic personality disorder. New York 1976.
Kolnæs, R. D.: Openbaring og oplevelse [Offenbarung und Erlebnis]. Oslo 1978.
Kübler-Ross, E.: Living with death and dying. London 1982.
Lans, J. van der: Religieuze ervaring en meditatie [Religiöse Erfahrung und Meditation]. Nijmegen 1978.
Leuba, J. H.: A psychological study of religion. New York 1912.
– The psychology of religious mysticism. London 1925.
Lindquist, S.: Die Methoden des Yoga. Lund 1932.
– Mystikens väg och mål [Weg und Ziel der Mystik]. 1935.
Lindström, H.: Guds barnbarn – problembarn [Kindeskinder Gottes – Problemkinder]. Stockholm 1957.
Luckmann, T.: The invisible religion. New York/London 1967.
Maslow, A.: Motivation and personality. New York 1954.
– Religions, values and peak-experiences. 1964.
May, R.: Love and will. New York 1969.
– The meaning of anxiety. New York 1977.
McGuire, M. B.: Religion: The social context. Belmont 1981.
Meadow, M. J., Kahoe, R. D.: Psychology of Religion. New York/London 1984.
Moser, T.: Gottesvergiftung. Frankfurt am Main 1976.
Müller-Pozzi, H.: Psychologie des Glaubens. Mainz 1975.
Newcombe, T. M.: Social psychology. London 1952.
Ornstein, R. E.: The techniques of meditation and their implications for modern psychology. On the psychology of consciousness. San Francisco 1971.
Oser, F.: Stages of religious judgement. Toward moral and religious maturity. 277–315. Morristown 1980.
Otto, R.: Das Heilige. Breslau 1917.
Paloutzian, R.F.: Invitation to the psychology of religion. Glenview 1983.
Pentikäinen, J.: Oral repertoire and world view. Helsinki 1978.
Pervin, L. A.: Personality: theory, assessment and research. New York 1970.
Pettersson, T.: The retention of religious experience. Uppsala 1975.
Piaget, J.: Le jugement moral chez l'enfant. Paris 1932.
– Problèmes de psychologie génétique. Gonthier 1972.
Pöll, W.: Religionspsychologie. München 1974.

– Das religiöse Erlebnis und seine Strukturen. München 1974.
Pratt, J. B.: The religious consciousness. New York 1923.
Pruyser, P.: Between belief and unbelief. New York 1974.
Repstad, P.: Fra ilden til asken [Vom Feuer zur Asche]. Oslo 1984.
Rizzuto, A.-M.: The birth of the living God. New York 1979.
Rogers, C. R.: Client-centered therapy. Cambridge 1951.
Ruin, H.: Poesins mystik [Die Mystik der Poesie]. Helsingfors 1935.
Sargant, W.: Battle for the mind. Baltimore 1961.
Scharfenberg, J.: Sigmund Freud und seine Religionskritik als Herausforderung für den christlichen Glauben. Göttingen 1968.
Schjelderup, H., Schjelderup, K.: Über drei Haupttypen der religiösen Erlebnisformen und ihre psychologische Grundlage. Berlin 1932.
Schjelderup, K.: Die Askese. Berlin 1928.
Segerstedt, T. T.: The nature of social reality. Lund 1966.
Siikala, A.-L.: The rite technique of the siberian shaman. Helsinki 1978.
Siirala, A.: The voice of illness. A study in therapy and prophecy. New York/Toronto 1981.
Söderblom, N.: Uppenbarelsereligion [Offenbarungsreligion]. Stockholm 1903.
– Den levande Guden. Stockholm [Der lebendige Gott im Zeugnis der Religionsgeschichte, München 1942] 1932.
– Till mystikens belysning [Zur Erhellung der Mystik]. Lund 1975.
Spilka, B., Hood, R. W., Gorsuch, R.: The psychology of religion. An empirical apporach. London 1985.
Stace, W. T.: Mysticism and philosophy. Philadelphia/New York 1960.
Starbuck, E. D.: The psychology of religion. London 1914.
Stark, R., Bainbridge, W. S.: The future of religion. Secularization, revival and cult formation. Berkeley 1985.
Stewart, C. W.: Adolescent religion. Nashville 1967.
Ström, Å. V.: Psykologi och religion [Psychologie und Religion]. Stockholm 1973.
Strommen, M. P. (Hg.): Research on religious development. New York 1971.
Strunk, O.: Religion. A psychological interpretation. New York 1962.
– Mature religion. New York 1965.
Sundén, Hj.: Die Rollenpsychologie als heutige Aufgabe der Religionspsychologie. ARPS 8, 70–81 (1964) Göttingen.
– Religionen och rollerna. Stockholm [Die Religion und die Rollen, Berlin 1966] 1959.
– Människan och religionen. Stockholm [Gott erfahren. Das Rollenangebot der Religionen, Gütersloh 1975] 1964.
– Bedingungen religiöser Erfahrung. ARPS 9, 41–50 (1967) Göttingen.
– Zen. Stockholm 1967.
– Die Rollenpsychologie und die Weisen des Religions-Erlebens. Wesen und Weisen der Religion, München 1969.

– Die Persönlichkeit der heiligen Birgitta. ARPS 10, 249–263 (1971) Göttingen.
– Den heliga Birgitta. Ormungens moder som blev Kristi brud [Die heilige Birgitta]. Stockholm 1973.
– Barn och religion [Kinder und Religion]. Stockholm 1974.
– Persona och anima [Persona und Anima]. Stockholm 1981.
– Saint Augustine and the Psalter in the Light of Role-Psychology. JSSR 26/3, 375–382 (1987) New Haven/Wetteren.
Tart, C. T. (Hg.): Altered states of consciousness. New York 1969.
– Transpersonal psychologies. London 1975.
Thomas, K.: Meditation in Forschung und Erfahrung, in weltweiter Beobachtung und praktischer Anleitung. Stuttgart 1973.
Thorsen, H.: Peak-experience, religion and knowledge. Stockholm 1983.
Thun, T.: Die religiöse Entscheidung der Jugend. Stuttgart 1963.
– Die Religion des Kindes. Stuttgart 1964.
– Das religiöse Schicksal des alten Menschen. Stuttgart 1969.
Tillich, P.: The courage to be. New Haven 1952.
Unger, J.: On religious experience. Uppsala 1976.
Vergote, A.: Psychologie religieuse. Brüssel 1967.
– The parental figures and the representation of God: a psychological and cross-cultural study. Den Haag 1981.
Voipio, A.: Sleeping preachers. AASF B 75/1. Helsinki 1951.
Wikström, O.: Guds ledning [Gottes Führung]. Uppsala 1975.
– Stöd eller börda? [Stütze oder Bürde?]. Uppsala 1980.
– Raskolnikov. Avesta 1982.
– De ofrånkomliga orden [Die unabdingbaren Worte]. Stockholm 1982.
– Mytens psykologiska funktion [Die psychologische Funktion des Mythos]. Turku 1983.
– Hypnos, Symboldrama och religion [Hypnose, Symboldrama und Religion]. Religionsvetenskapliga skrifter 4. Turku 1984.
Wolberg, L. R.: The technique of psychotherapy. New York 1967.
Wulff, D.: Psychological Approaches. Contemporary approaches to the study of religion in 2 volumes. The social sciences II. Berlin 1983.
Yinger, J. M.: The scientific study of religion. London 1970.

Personenregister

Sachregister